まえがき

　本書は、「これまで」と「これから」の「大学事務職員」を理解するために、私立大学の発展期を担った大学事務職員6名の軌跡とメッセージを履歴書としてまとめたものです。これからの大学でさまざまな役割を担う大学事務職員の方の参考書としても役立つことを意識して制作しました。

　本書の制作に至るきっかけは、2009年3月に出版された、大学行政管理学会「大学人事」研究グループ編『大学人事研究II －変貌する大学人事－ 教員評価の実状と経営人材の育成』（学校経理研究会）にて、田中雅幸氏（学校法人名城大学 元経営本部長）がご自身の定年退職を前に寄稿された「【特別寄稿】私大職員の回想 時代の星霜とともに」にはじまります。

　このような先達の貴重な経験を後進が引継ぎ、繋いでいく必要があると当時から強く感じており、書籍での伝承が必要不可欠だと考えるようになりました。

　その想いが実り、2018年3月に書籍『大学事務職員の履歴書』が、一般社団法人大学行政管理学会大学事務組織研究会編著として学校経理研究会から刊行され、この書籍には、大学および大学行政管理学会の発展に寄与された9名の方に執筆いただきました。当時刊行した書籍『大学事務職員の履歴書』を読んだ印象として、真っ先に「ファーストペンギン」という言葉でした。執筆された全ての方が、所属大学にとってリスクの高い未知の業務領域や新しいプロジェクトに挑戦して、道を拓く姿に感銘したことを昨日のように思い出します。

その後、続編を望む声を幾度となく多数頂戴するも、コロナ禍を含めた様々な事情が重なり、続編を刊行するタイミングを逸しておりました。その中で、改めて本書を出版させたいという想いが再燃し、ウニベルシタス研究所の所長である大工原孝氏に相談かつ執筆を依頼し、快諾を得た経緯があります。

　大工原氏は日頃から、大学事務職員と大学事務組織の関係を船員と船の関係に喩え、大学事務組織研究の必要性を説いています。

　「どんなに優秀な船員がいても、ぼろ船では上手に操れないし能力を発揮しようがない。逆に、最先端の装備を搭載した船でも、未熟な船員では船の能力を充分に使いこなせない。立派な船（事務組織）と優秀な船員（大学事務職員）が揃ったときに、はじめて素晴らしい航海ができる。」

　「だからこそ、大学事務職員は、一人で働くことができるものではなく、大学事務組織の中で働いている。その逆もあり、組織は人によって形作られている反面、人あっての組織といえる、ということであり、加えて、最近では DX や AI の動向を注視しながら効率的な業務を遂行していく必要もある。」

　その「事務職員」と「事務組織」両者の視点を踏まえて、大学事務職員のロールモデルとなる人物を追うこと自体が非常に有益であること、さらには、所属されていた大学事務組織の創設に参画された軌跡を収集するだけでも価値があり、「組織における人の在り方」を考える上での史料的価値もあることを確信し、ウニベルシタス研究所の総意で、2021 年より「着実に　確実に　誠実に」を合言葉に、少しでも早期の出版を目指して、著者 6 名の掲載は、執筆原稿の到着順として、出版に向けた準備を進めて参りました。

　是非とも、ご一読の上、大学関係者を問わず、ご自身の仕事および

組織との関わり方などにおいて参考書として活用願えれば幸いです。

　最後に、本書を『大学事務職員の履歴書』の続編としての出版を許諾いただいた「学校経理研究会」様と執筆頂いた 6 名の皆様に厚く御礼申し上げます。

2025 年 3 月

「新・大学事務職員の履歴書」編集委員長
ウニベルシタス研究所　客員研究員

寺尾　謙（神奈川工科大学）

もくじ

まえがき　寺尾　謙

私立大学における女性職員のキャリアと well-being
吉川　倫子 ・・・・・・・・・・・・・・・・・・・・・・　7

一日一生　～職を得たからには和顔愛語で
大工原　孝 ・・・・・・・・・・・・・・・・・・・・・・　38

時代の変化に伴走して　－ダイバーシティへの 45 年－
種田　奈美枝 ・・・・・・・・・・・・・・・・・・・・　71

道標
西　直美 ・・・・・・・・・・・・・・・・・・・・・・　105

「頼まれたら断るな」の職員人生
西川　幸穂 ・・・・・・・・・・・・・・・・・・・・・　139

「人」に恵まれた 40 年
金田　淳一 ・・・・・・・・・・・・・・・・・・・・・　172

用語の解説 ・・・・・・・・・・・・・・・・・・・・・　204

あとがき　寺尾　謙

私立大学における女性職員のキャリアと well-being

吉川 倫子

はじめに

　未熟な私が定年まで勤務することができたのは、諸先輩方や多くの教職員の皆様からお支えを頂けたために他なりません。この場をお借りして心からお礼申し上げます。

　振り返ってみると、芝浦工業大学で構築できた私のキャリア・アンカーは「人事」であったと思います。職能資格制度を中心とする職員のトータル人事システム、65歳定年制、早期退職制度等の実務を通じて、基本概念として常に「個と組織の成長」を意識して仕事に向かうことを学びました。そして、豊洲開校の年に教学部門に異動したのちには、教職学協働による大学改革を経験することにより、大学職員の醍醐味を実感することができました。芝浦工業大学のこの 10 余年の大きな飛躍の時に、その場にいて教職員学生と共に改革を推進することができたことは望外の喜びです。

　VUCA の時代ともいわれ、また我が国の急速な少子高齢化の中で工業大学である本学の果たす役割は益々大きくなると思われます。教職員学生が共に尊重しあい、一人ひとりが幸せと感じられる大学となるよう願いと期待を込めてお礼の挨拶と致します。長い間有難うございました。

　これは、2023 年 3 月末定年退職時に学内の教職員に向けたメッセ

ージである。冒頭「未熟」と自身を評価しているが、謙遜でも何でもなく本音であり、私を知る人は「そのとおり！」と納得してメッセージを受け取ったに違いない。というわけで、未熟な私が人事課長を務め、部長職や理事にもなってしまった半生を、反省も含めて振り返りたい。

なぜ大学職員になったか

　私は茨城県に生まれ、高校は地元の県立女子高に進学した。当時は大卒後の進路を考えると、四年制大卒では教員くらいしか職業が考えられなかった。しかし、教員は自分には向いていない。その頃の女性の一般的な就職は四大卒より短大卒の方が得られやすいということもあり、国立進学クラスで5教科の受験勉強をしていたが、短大に進学した。実は、地元の国立大学にも願書を出した後だったが、合格してしまったらそこに進学するしかないことがわかっていたので、短大合格後に両親や高校の担任に気持ちを伝え、土壇場で受験を止めた。本音をいうと親元を離れ自由に東京で暮らしてみたいという憧れもあった。

　しかし、就活は苦労した。「女性は親元通勤に限る」という求人ばかりで、一人暮らしの女性に多くの門戸は開いてなかった。短大卒の方が就職に有利と思っていたが、未熟な私は一人暮らしが門前払いされるなど予想もしていなかった。数少ない募集があった民間企業にも挑戦したが、女性は「職場の花」と言われた時代で、定年まで勤めたいと意思表示すると見事に落ちた。そんな中、芝浦工業大学は全く制限がなかった。大学職員になった理由は、ここしか拾ってもらえなかっただけであった。いまの大学職員を目指す方々は、「高等教育機関で人材育成にかかわり社会貢献をしたい」と志望動機を語るが、そのような崇高な考えはなかった。性差による違いなど感じることなく成長した私だったが、就活時に初めて男女が対等

に扱われないという世間を知った。

芝浦工業大学と共に歩んだ「私の履歴書」

　私自身のキャリアステージにより大きく4つに分けてみた。一般職時代を新米の「若葉ステージ」、初めて管理監督職となった課長補佐、課長の時代を毎日が必死だった「レッドステージ」、上級管理職ともいえる次長、部長時代を大学職員の醍醐味を得た「ブルーステージ」、役職定年後から定年退職までの時代はシニアを意識した「シルバーステージ」とイメージカラーから名付けた。さらにそれぞれのステージは、キャリアの転機だけでなく人生の転機とも重なっており、ワークとライフの面に分けて記すこととした。

若葉ステージ（1978 〜 1995 年、20 〜 37 歳）
ワーク（一般職）

　当初、大学部門の庶務課に配属されたが、とにかく暇だった。始業前は部署内の全員の机の拭き掃除や机上の灰皿洗い（当時の喫煙者は机上に灰皿を置き、仕事しながらの喫煙などあたりまえに許されていた）、始業時と午前10時、昼休み後、午後3時のお茶出しが主な仕事だった。床掃除のやり方で驚いたのは、コンクリートむき出しの床の為、濡らして絞った新聞紙やお茶殻を蒔いて箒で掃くことだった。

　事務仕事の指示を受けた際、不明な点を素朴に質問したところ、答えられない大先輩に唖然としたことを未だに記憶している。具体的には、消耗品支出の科目に2種類存在する理由を質問した。後に財務部に異動し、教育研究経費と管理経費の2つであると理解したが、このような初歩的なことも説明できずに大先輩として事務を処

理[1]していたのだった。この時、聞いてはいけないのだとも思い、ここでは自分で疑問を解決する姿勢が必要と感じた。同時に、こうはなりたくないと反面教師と思うように自分に言い聞かせた。

　入職 3 年目に法人部門である財務部経理課に異動し、やっと仕事らしい仕事に巡り会えた。当時は 1 台数万円もする大きい電卓が出始めたが、当然のように電卓など使わせてもらえず、算盤を使っての仕事だった。学校法人会計基準で部門別会計が始まり[2]、部門ごとの按分計算も算盤で行ったことが思い出される。また、当時の芝浦キャンパスでは、夏休みに全館の窓ガラスをサッシにする大規模な改修工事をしたことがあった。修繕か建物支出かと議論され、学校法人会計基準の見解が変わったことを記憶している。

　経理課時代に、心に残った言葉がある。毎週月曜日に当時池袋にあった併設高校[3]の校長でもある財務担当理事が朝礼で話をしてくださったが、その中で「君たち給料分だけ働けば良いと思ってないか。自身の机が占有する土地価格も考えて働くように」と言われたことがあった。コスト意識と思った。また、10 歳ほど年上の女性職員から「目配り・気配り・人配り」が大事と教わった。マネジメントの基本のように感じたものである。しかし、この先輩職員は併せて私にこうも言われた。「私の目の前に教育し直さなければいけないヤツがいる」と。唖然とした。私は何がいけないのだろうと思ったのだが、たぶんこの先輩とは感覚が異なるのかもと思い、気にしないことにした。

　財務部経理課、財務部用度課と 12 年間仕事をする中で、大学特有

---

[1] 昭和 31 年に制定された大学設置基準第 42 条では「大学は、その事務を処理するため、専任の職員を置く適当な事務組織を設けるものとする」と規定されており、平成 29 年に「事務を遂行する」と改定されるまで事務は「処理する」ものであった。
[2] 昭和 55 年 11 月 4 日文官企第 250 号「資金収支内訳表等の部門別計上及び配分について（通知）」による。
[3] その後 1982 年に池袋から板橋へ移転し中学校を併設。さらに 2017 年江東区豊洲に移転した。

の事務に物足りなさを感じてきた。人事課であれば社会でも通用する何らかの専門的知識が得られるのではないか、と思うようになり、希望して人事課に異動した。通勤電車の中で労働基準法等を読み漁ったことを思い出す。

1991年大学設置基準の大綱化の年、芝浦工業大学は埼玉県にある大宮キャンパスにシステム工学部[4]を設置したが、同時に職員に対する人事制度の大改革が始まった。

まず、就業時間が変わった。それまでは平日9時から16時、土曜は9時から13時の週6日勤務だったが、平日9時から17時、年間20日程度の土曜休暇制度を導入し、勤務する週の土曜日は9時から15時となった。昼休みも45分から60分となった。また、同時に給与改定もなされた。それまでの給与は一般より低い水準であり、そのためか勤務終了後の副業は普通に認められていた。16時までの勤務時間では体を持て余し終業後に別のところで収入を得る者が複数いたが、勤務時間が延長され、給与が多少アップしたことで副業する者はいなくなった。

そして、職員に対する人事制度として「能力開発型人事トータル・システム」（以下「人事トータル・システム」と記載）が始まった。当時、大学職員はアドミニストレーターを目指すべきという考えが大学業界で聞かれるようになっていた。アドミニストレーター育成のためには、従来の年功制度に代わる資格制度とし、目標とすべき人材を育成することであった。10年間も人事課担当者が学び、考え、構築した制度として、基本コンセプトを「人材育成」と「適正処遇」として開始したものである。このシステムは日本の一般企業では昭和40年代の初め頃から導入されていたが、検討開始した1981年当時、大学ではほとんどその事例がなく、首都圏の大学でも2～3の大学が実施し始めていたに過ぎなかった。本制度の概要は、大学行

---

[4] 2009年より「システム理工学部」に名称変更。

政管理学会「大学人事」研究グループ編「大学人事研究Ⅱ」（2009 年
3 月、学校経理研究会）に「学校法人芝浦工業大学の人事トータル・
システム〜17 年の歴史と今後の課題」として投稿した。ご興味があ
れば参照されたい。

　1991 年の人事制度大改革で驚いたのが、もう一つある。それまで
女性管理職は、年配の課長ただひとりだったが、突然 2 桁（10 名以
上）の女性管理職が誕生したことであった。確実に、様々な部分で
芝浦工業大学は変化しようとしていると、その時強く感じた。

ライフ（初めての子育て）

　私生活では、24 歳で結婚、30 歳までに 3 児の母となった。当時女
性は 25 歳前に結婚し 30 歳までに産み終えるという風潮が、なんと
なくあった。我が国における育児休業法は 1991 年に公布、1992 年
に施行されたが、私の育児時代では産前産後休暇（産前 7 週産後 8
週）[5] があっただけだった。また、生後 8 週から預けることができる
認可保育園はなかった。

　第 1 子妊娠中、かなり重い切迫流産を経験した。緊急入院し、ベ
ッドから体を起こすことすら禁止された。トイレにも行けず、歯磨
きも寝たままという状況で、何もかも看護婦[6]さんのお世話になった。
初めて入院し、恥ずかしさにも耐えなければならない病人の辛い気
持ちを経験したが、同時に看護婦さんに感謝した。この時、突然の
入院で職場には迷惑をかけた。携帯電話などない時代であったため、
職場への連絡は家族に頼むしかなかった。上司に挨拶に行ってもら
ったところ、「奥さん、辞めさせたらどう」と言われたらしい。それ

---

[5] 労働基準法第 65 条で規定する出産のための休暇のこと。産前は出産予定
日の 6 週間前から、産後は出産の翌日から 8 週間である。芝浦工業大学は
労働基準法より上回った規程で、産前休暇が 1 週間多く付与されていた。
[6] 2002 年 3 月より保健婦助産婦看護婦法改正により「看護師」に名称変更。
法律名も保健師助産師看護師法に変更。

を聞いた私は、やっと落ち着いてきた症状が一気に悪化し、入院が延びることになった。ストレスが症状を悪化するという一例であった。退院後も暫くは自宅療養を命じられたため、復職して間もなく産休に入るという状況だった。職場ではかなりの顰蹙だったと思うが、私としては自分の意志ではない状況で起きたことであり、今は無理だが働ける状況になったらお返しすればよいと考えることにした。

第2子と第3子は1歳2か月の年齢差だ。この時は、同年代の女性職員から「産休ばかり取っている。そんな人は他にいない」と言われ、その言葉に傷ついた。女性の敵は女性かもしれないと、孤立感とともに感じたものであるが、「育児を抱え経理課では大変だろう」と上司から妙に配慮され、別の部署（用度課）に異動となった。「育児を抱えていたら大変だろう」と言われることは、正直むだな配慮であり、期待されていないと感じた。その後、第3子が4歳の時人事課に異動となった。

ある朝の通勤時の出来事だが、自転車4人乗り（自転車後ろに第1子、前に第2子、背中に第3子）をした時に車が脇すれすれで通過し、ハンドルをとられふらふらと転んでしまった。前と後ろに乗っていた二人の子どもたちは、落ちてはいけないと必死に自転車につかまっていた。一人では自転車を起こせない。焦りながらも頑張って自転車にしがみついているこの子たちに勇気を得、大声で助けを求めた。通勤途上であろう男性が助けてくださったが、この時さすがに自転車4人乗りを反省した。

レッドステージ（1995～2006年、37～48歳）
ワーク（管理監督職）

人事課4年目の時に課長補佐となり、管理監督職の仲間入りをした。人事課には課長補佐6年、課長5年と一般職時代から通算する

と 14 年間も在籍した。人事制度は作った直後から陳腐化すると言われている。1991 年に導入した「人事トータル・システム」を確実に、そして陳腐化させずに運用することが大事な仕事だった。この「人事トータル・システム」では、人事異動も制度の柱の一つであった。「ローテーション制度」としており、一定の年齢までは人材育成の一環として 3 年から 5 年での異動を目安とした。しかし、私は 34 歳から 14 年間も同一部署の人事課に滞留しており、異例であった。主管部署である人事課が制度に反していてはいけないと思い、上司に尋ねたところ、一般職から課長補佐、そして課長と昇進したほか、職能資格制度の中では書記から副主事、主事と昇格しており、それぞれの身分が変更した際に、滞留期間がゼロカウントとなるという説明だった。妙な説明と感じたが、14 年間も人事課にいたことで結果として貴重な経験をすることができ、私という大学職員の礎となったと思う。

　「人事トータル・システム」の一つである「人事考課制度」では、外部の評価委員もメンバーとする評価委員会や弁護士によるオンブズマン制度の他、縦横十文字の 360 度評価が特徴的だった。特に、同位者考課、下位者考課、自己評価からは一人ひとりが見てとれた。人事課長という立場上、特定の職員と仲が良いと思われるような状況は避けるべきと考えていたが、特にノミュニケーションなどしなくとも、多様な考えの職員を知る機会を得られた。

　「人事トータル・システム」の一つである「職能資格制度」では、昇格試験（面接）時の委員の一人に外部委員を依頼していた。その外部委員（他大学の方）から大学行政管理学会 (JUAM) の研究会を紹介された。軽い気持ちで参加したが、他大学の職員の方々が勤務時間外に自発的に学んでいる姿を見て強く触発された。芝浦工業大学は JUAM 設立時より役職者数名が会員であったが、活動を行っていない会員がほとんどで会費のみ大学が負担していた。そこで、当時の事務局長に、会費のみ払う幽霊会員はむだなのでどなたか退会

して頂き、代わりに自分を入れてくれと相談したところ、「自分が抜けるから代わりに入ったらどうか」と言われ、会員となることができた。事務局長に感謝である。

　次に定年年齢引き下げに伴う裁判が大きな出来事であった。「定年年齢引き下げにかかる『芝浦工業大学事件』」[7]として判例にもなった。当時は定年年齢が採用時ごとに異なり、大きく分類すると72歳、70歳、65歳の3種類だった。教職員の年齢構成改善と人件費負担軽減の理由から、定年年齢を一律65歳に引き下げる改革を行ったが、当時は専任教職員の半数以上が70歳以上の定年の適用者であり、そのうちの4分の3以上が50歳以上に集中していた（実は私も70歳定年の適用者だった）。平均年齢も50歳代後半に達しており、特に大学教員の補充に制約が生じ、教育研究体制の活性化が図れないという致命的な問題を解消する意図があった。また、将来予想される学生・生徒数減少に伴う学費収入を考え、人件費負担の軽減を図る目的もあった。教職員組合と10回程度の団交を重ね、2001年から定年年齢引き下げを実施した。

　しかし、これに不満を持った一部の教員らが訴え、裁判となったのである。最終的に学校法人が勝訴したが、当時の事務局長は「情けない。これまでの人生、何も悪いことをしてないのに被告人として法廷に立つとは思ってなかった」とぼやきながら、法廷では手元に資料を持てないため一生懸命答弁内容を暗記していた。事務局長は大変と感じたことが思い出される。また、この定年年齢引き下げとともに新たに早期退職優遇制度を設けた。58歳以上65歳の新定年年齢以前に退職する場合は、定年年齢引き下げ分と新定年年齢までの加給分を加えるしくみであり、この場合には正規の額の2倍を超える退職金が支給された。この結果、かなりの人数の教職員が数

---

[7] 一審判決平成15.5.27東京地裁、二審（控訴審）判決平成17.3.30東京高裁、三審（上告審）決定平成19.7.13最高裁決定

年間で入れ替わり、中には、ほとんどの教員が入れ替わった学科もあった。これら定年年齢引き下げと早期退職優遇制度によって、若手や優秀な教員の採用が進み、その後の芝浦工業大学における教学改革に繋がる大きな一因となった。

このころ「女性職員だけの懇談会を行ったらどうか」と理事長から言われ、初めての取り組みであったが女性職員だけの懇談会を行った。講師は厚生労働省の女性役職であり、非常にパワフルな方であった。この会では女性職員として働く上での示唆を得ることができた。詳細は「ライフ（学童期から青年期の子育て）」で記す。

1991年から実施した「人事トータル・システム」は、非常に良くできた制度だったが、10数年を経過し、制度として検証する時期にあった。本制度は、旧来型の年齢（年功）だけの要素で人を処遇する年功人事制度から脱却し、職務を遂行する能力による資格を定め、これに給与を連動させるしくみであり、能力開発型の人事制度であった。本制度の下、職員は各種研修等に積極的に参加するなど業務遂行能力・技能の向上に努め、日々の業務にあたり一定の成果と評価が得られた。しかし、本制度における昇格の原則はいわゆる「卒業方式」で、現在在級している資格の等級基準を満たしたときに上位資格への変更が行われる。つまり、現在の資格の必要条件を満たした段階で変更が行われるという原則であった。そのため、各資格に定員が設定されているわけではなく、試験に合格すれば上位資格に変更させるというのが本制度の考え方だった。また、本制度には下位資格への変更という概念もなく、一旦上方資格へ変更したならば、当該資格の等級基準を満たすことができなくても下方資格に変更することがなかった。したがって、現在在級している職能資格は、過去の蓄積度合い（実績）を表すものではあっても、現在の職務遂行能力の程度を表すものでは必ずしもないということであった。

ところが、過去においては機能していた能力も、激しい環境変化などで通用しなくなるおそれがあり、職員は過去に獲得した知識や

スキルを環境の変化に合わせて常に発展させていく必要に迫られていた。本制度は、「現在の職務遂行能力を基準とした等級制度」と「過去の蓄積度合を基準とした等級制度」の二面性を持ち、「現在基準」と「過去基準」が存在していたが、実際には「過去の蓄積を基準」が重視され、その点において年功資格制度と本質的に変わりなかった。そこで制度の見直しについての問題意識が 2003 年に理事会から出され、人事課を所管部署として、同年 6 月より「職員人事制度検討準備委員会」が設置された。この委員会からは、3 か月後に答申を出したが、委員会答申を実現可能なものにすべく、正式に「人事給与制度見直し委員会」において新制度を検討することとなった。約 2 年後に出された新制度案は、基本概念を「個と組織の成長を促す職群職責制度」とした。自らの働き方（管理職か専門職か）を選択することができる「働き方選択」の考えを中心としたが、併せて年功資格制度からの脱却を目的とした。新制度案の骨子を提案し学内での説明会実施後、14 年間在籍した人事課を離れることとなり、新制度の実現は次期体制に引き継ぐこととなった。その後、2017 年から現制度である資格等級と役職等級を連動させる役割等級制度として「新職員人事給与制度」が始まった。しかしながら、本制度は、自らの働き方を選択する視点が外され、職員の給与制度に重点を置いている。「個と組織の成長」につながる well-being の視点が制度のポリシーになく残念であった。

　人事課長時代に新卒で採用した優秀な女性職員が立て続けに 3 年程度で退職されたことがあった。退職を申し出たある女性職員にその理由を尋ねると「この大学では女性は 3 倍働かないと認められない。自分はそんな働き方をしたくない。」と言われたことに言葉を失った。若い女性職員は年上の女性職員をそのように見ているのかと思った。3 倍働いて認められた女性職員は誰のことだろう。少なくとも自分ではない、と思いつつも、家事、育児も労働と捉えると、私は 3 倍働いていたと若手職員には映ったのだろうか。

ライフ（学童期から青年期の子育て）

1995年、初めて管理監督職の仲間入りをすることとなったが、所属上長より課長補佐を打診された際、第3子はまだ保育園児だった。保育園の送り迎えがあり時間外勤務は難しいとお答えしたが、上長からは「仕事は時間より質。時間外など気にすることではない」と言われた。この言葉は私にとって大きな励ましとなった。私自身、仕事は就業時間内で終わらすべきと思っていたが、職場内には帰りにくい雰囲気も少なからずあった。遡って経理課（一般職）時代のことであるが、いつも定時で終業する私を会議室に呼び、「なぜ皆と一緒に残れないのか」と上司から問われたことがあった。あらかじめ指示があれば家庭内の調整をして対応するが急には無理であること、またこれまで残業が必要となる急な事象は見当たらない、と答えたことが頭の隅に残っていた。今思えば、この時の上司の発言はパワハラ的であり、私も（間違っているとは今でも思ってないが）可愛くない対応だった。しかし、そのような経験からも、さすがに管理監督職となったら定時では帰れないのではないか、と感じていたこともあり、課長補佐を打診してくださった際の上長のこの言葉に気持ちが救われた。少し脱線するが、育児を抱えて働くにはかなり時間的制約があった。保育園の送迎時間は勤務地から通勤時間を測られ、保育園の開室時間内であってもその時間までにお迎えに行くことを求められた。帰りがけにちょっとスーパーマーケットに立ち寄ることなども厳禁だった。

現在も「小1の壁」と耳にするが、第1子が小学校に入学する時は不安だった。これまでは子どもがひとりで外歩きをすることはないが、これからは小学校も学童もひとりでの行き帰りだ。入学前に何度も行き帰りを練習し、子どもを信じて頑張ってもらった。現在は在宅勤務も可能な時代だ。小学校に入学しても安心して働き続けることができるよう、より柔軟な勤務制度や当事者に寄り添える周

囲の優しさが必要だ。一人ひとりの状況に合わせた支援（職場環境）が、結果として「個と組織の成長」に繋がる。さらに、そのような職場であれば安心して出産や育児に臨める。少子化で入学人口が減っていくとの危機感を全大学職員は感じていると思うが、少子化対策も足元の働き方改革で実践してもらいたいと切に思う。

　女性職員だけの懇談会を行った際に、講師から心に残った言葉を頂いた。一つは、「夫に家事を手伝ってもらうのではなくシェアである」だ。確かに手伝ってもらうという思いしかなかったが、シェアであるべきと気づかせられた。しかし、現実的には社会はそのような考えには至っておらず、なかなか困難であった。もう一つは、「女性は役職を命じられた時に、自分なんかと謙遜する方が多い。それは推薦した上司に対して失礼である」だ。私は謙遜などしなかったが、保育園の送迎があると出来ない理由を述べた。同じことだった。少なくとも自分を評価し、推薦してくださった方に応えることができるよう、時間の制約はあるが質で努めなければならない、と思い反省した。

ブルーステージ（2006 ～ 2021 年、48 ～ 63 歳）
ワーク（上級管理職）

　発祥の地ともいうべき芝浦キャンパスは、老朽化、狭隘化が進んでおり、1975 年より芝浦キャンパスの整備計画を検討していたが、新たなキャンパス選定まで長年結論が出せなかった。しかし、2001年、4 半世紀もの時を要した結果、株式会社 IHI から提案のあった江東区豊洲にようやく移転候補地が決定した。そして、2006 年 4 月、芝浦工業大学は芝浦キャンパスを一旦閉鎖し、新たに江東区豊洲にキャンパスを開校した。この豊洲キャンパスには、法人本部及び工学部全学科 3、4 年生が移転したが、芝浦キャンパスでは 3 年後の新キャンパス開校に向けての建設工事が始まった。

豊洲キャンパス開校の 2006 年秋、私は次長に昇進し、学事部次長
（大学院担当）として教学部門に異動した。しかし、次長と言って
も大学院事務課長は不在であり、業務の実態は課長だった。

　新たな恵まれたキャンパスで、今後いかに教育研究を充実してい
くかが大学の課題であったが、私自身は法人部門での勤務経験が長
かったため、教学部門はある意味、転職と同じに思え非常に緊張し
た。業務内容が全く異なる部署の異動であっても、一般職の場合は
実務から入っていくだけなので問題はない。しかし、管理職の場合
はそうはいかない。どうやっていくか、と一瞬考えたが、「人事」で
学んだことはどの部署でも共通する原点だと気づいた。まず、大学
院設置基準や大学院の教育研究に対する国の資料等を調べ、自分が
大学院の次長として行うべき方向性を考えた。しかし、大学院には
研究科長、研究科長補佐の他、大学院専攻主任（現、専攻長）など、
多くの相談できる教員がいた。そして、これら教員たちは前向きに
大学院をいかに良くしていくかという共通の思いを持っていた。相
談できる多くの教員がいたことは、教学事務の経験のない私にとっ
て大変有難い環境だった。

　当時の大学院事務課は、大学院工学研究科[8]と専門職大学院工学マ
ネジメント研究科（MOT）[9] の二つの研究科の事務を所管していた。
芝浦工業大学の MOT は、2003 年に我が国初の MOT（Management of
Technology: 技術経営学）として設置し、主に社会人学生を対象とし
ていた。平日は夜間、土曜は昼間に教育研究を行っていたが、開設
2 年目から定員割れが続くという大きな課題があった。管理職とし
ては MOT への対応も重要だったが、夜間や土曜にサテライトキャ
ンパスの MOT 事務室に行けないと、MOT の教員から「MOT を軽ん
じている」と言われることもあり、自分自身のタイムマネジメント

---

[8] 大学院工学研究科は、2011 年より理工学研究科に名称変更した。
[9] MOT は 2019 年 3 月に廃止となった。

が出来るまで時間を要した。

この頃、芝浦工業大学では教職学協働による大学改革が始動した。当時の柘植綾夫学長、村上雅人工学研究科長（副学長兼務）のリーダーシップのもと、2008年から3年間文部科学省の組織的な大学院教育改革推進プログラム補助金に採択されたのが始まりだった。この事業は、「国際社会で活躍できるシグマ型統合能力人材[10]育成」を目指すもので、MOTの協力を得、「ビジネス開発専攻」として副専攻教育プログラムを用意した。構想調書作成の段階から文部科学省のヒアリング対策まで教職協働で入念に準備したが、採択された時の喜びを教員とともに得られたことは今でも忘れられない。さらに、構想内容の実施にあたっては、大学院教員、大学院事務課職員、ラーニング・ファシリテーター (LF) として雇用した大学院生とともに教職学協働で大学院の教育研究改革を推進した。

また、大学院の課題として学生数を増やすことがあった。学内の大学院進学率が20%程度しかなかったため、理工系大学としては大学院への進学率アップが大きな目標だった。2011年に工学研究科を理工学研究科と名称変更するとともに、システム理工学部生の大学院への進学を推奨することを目的に、新たに「システム理工学専攻」を増設した。システム理工学部は、2009年にシステム工学部から名称変更したが、前年2008年に生命科学科を増設、そして翌2009年に数理科学科を増設し、規模も教育研究内容も拡大していた。大学院システム理工学専攻を検討するにあたり、システム理工学部教員からは、工学研究科は工学部の上にある印象があり別の研究科としてシステム理工学研究科を設置したいと希望があった。しかし、当初は院生数の確保に不安があること、また、職員の事務作業量を考えると現在の大学院事務課の職員数では対応しきれないことなどが

---

[10] 複眼的工学能力、技術経営能力、メタナショナル能力を基本にイノベーション創出能力を備え、国際社会で活躍できる人材を「シグマ型統合能力人材」と定義した。

懸念され、研究科ではなく専攻としての設置を提案しご理解頂いた。

　大学院としては、研究力強化も大きな課題だった。1997 年に先端研究の拠点として「先端工学研究機構」[11]を設置していたが、自主自立を旨とする研究センターだった。そこで、柘植綾夫学長（当時）より芝浦工業大学の使命である「社会に貢献する人材育成とイノベーション創出」を促進することを目的に、総合的な研究所の必要性が示され、2011 年、従来の研究機関である「先端工学研究機構」を包含した組織として、「SIT 総合研究所」を設立することとなった。設立に関する事務（規程等の整理）は、研究推進の部署でなく大学院事務課で行なったが、これは、全学組織である大学院において教員と大学院生が共に研究力を向上していく必要があるという理由からだった。

　2006 年から 6 年間在籍した大学院事務課では教職学協働による教学運営が日常的に進められ、大学職員の醍醐味を味わうことができたが、2012 年に部長に昇進し埼玉県の大宮キャンパスにある大宮学事部に異動になった。初めての大宮キャンパス勤務であり、通勤時間は往復 5 時間を要した。どのキャンパスでも勤務することが職員としては当然であるが、大宮キャンパス勤務は昇進とは名ばかりで正直左遷人事に近いものであった。しかし、異動直後に当時のシステム理工学部長から「まず大宮キャンパスを好きになってください」と言われ意識が変わった。実際、全学部の大学 1、2 年生が通学する大宮キャンパスを直ぐに好きになったが、教員との会議は 17 時から開始することが多く、体が悲鳴を上げた。だが、システム理工学部の教育の特徴であった「システム工学教育」に触れる機会を得、活きた教育を目の前で体験できたことは、その後の補助事業構想や私立大学等改革総合支援事業などの申請にも役立った。職員は机上

---

[11] 1954 年に設置された「工業研究所」が 1970 年に「工学研究所」と改称されたが、創立 70 周年記念事業として「先端工学研究機構」に改組された。

で事務を遂行するだけでは足りないと大宮キャンパス勤務を通して実感した。

2013年、芝浦工業大学は、新たに付置機関として「教育イノベーション推進センター」を大宮キャンパスに設置した。そして、これを所管する事務組織として「教育イノベーション推進センター事務課」が大宮学事部内に新たに設置され、私が課長を兼務することとなった。

「教育イノベーション推進センター」の設置前は、各学部の教育に対する考えや取り組みがバラバラだった。しかし、組織的な教育の質保証と質向上の必要性を学内に説明し、先ずはFD・SDの推進や教学IRの徹底から全学的な取り組みを開始した。並行して、教育イノベーション推進センター事務課では様々な規程を迅速に整備することとなったが、「教育イノベーション推進センター」は全学組織であるため、全学部の教授会、大学院研究科委員会に説明し、理解を得る必要があり、事務手続きに調整を要した。

「教育ノベーション推進センター」の目的は広範囲だ。詳述すると、教員・職員が協働して教育の質保証及び不断の教育改善のための取り組みについて全学的方針を策定する。新たな教育改革・改善活動等を推進する。個々の教職員や組織的に活動するFD・SD活動推進の取り組みを支援する。学生の学力向上のための学習支援を行うこと等である。

大学の根幹である「教育」の質保証を組織的に行うことは非常に重要であるにも関わらず、当初は専任の教員が配置されず、文科省等の競争的資金で雇用した任期付き教員の配置に限定された。他の教員は学部との兼務で協力頂くことになった。現在は専任教員が1名配置されているが、さらなる充実が望まれる。

2013年から3年間、文部科学省科学技術人材育成費補助事業「女性研究者研究活動支援事業」（一般型）に採択された。さらに翌年2014年から3年間、お茶の水女子大学、物質材料研究機構との連携

による文部科学省科学技術人材育成費補助事業「女性研究者研究活動支援事業」（連携型）にも採択された。芝浦工業大学は、この補助事業を構想する数年前より女性活躍が我が国のイノベーション創出には不可欠であるという考えのもと大学改革を進めていた。2008年に創立80周年に向けた教学改革「チャレンジ SIT 90 作戦」を柘植綾夫学長（当時）が発信しており、この中の重点項目の一つに「男女共同参画推進」を位置づけていた。さらに、2012年には村上雅人学長（当時）が「男女共同参画推進学長宣言」を掲げ、「学長の戦略的人事」として女性教員の積極的採用を行っていた。女性の少ない工業大学において、「組織の活力は多様性から生まれる」「女性にとって働きやすい環境は男性にとっても働きやすいはず」と、女性教員を増やすことの必要性を学長が強く発信する中で、構想し獲得した事業だった。そして、この補助事業の採択を契機に、懸案だった「男女共同参画推進室」の設置を法人に認められたが、事務組織は独立した部署でなく教育イノベーション推進センター事務課が男女共同参画推進室を所管することとなった。労働環境などの課題が多いため男女共同参画推進室を法人組織に置く大学が多いなかで、芝浦工業大学が教学部門に設置した背景である。現在も男女共同参画推進室（現、DE&I推進室）の事務を教育イノベーション推進センター事務課が所管する状態が継続しており、今後は独立した部署として一層人事部門と連携するなどの環境整備が求められる。私は、「女性研究者研究活動支援事業」（一般型）構想時より関わっており、この構想を実現することも大事な職務となった。2015年の「女性研究者研究活動支援事業」（一般型）事業終了後の評価では、女性教員や女性学生増の実績や様々な取り組みを評価され、「S」評価を受けることができた。また、2015年度東京都「女性活躍推進大賞」を教育部門で受賞した。この事業で「研究支援員」として大学院生を雇用するしくみを導入したが、ある男性学生の研究支援員から「女性教員の多忙さを身近で知り、女性教員の大変さを実感した。支援員と

して先生の補助をしてよかった。」などの嬉しい意見もあった。忙しくはあったが、このような学生からの意見や他機関からの評価を得、仕事を通じて大きな喜びを得ることができた。

2012 年に女性教職員の懇談会を行った。「男のくせに、女のくせに」、「子育て中の女性に大事な仕事は任せられない」、「育児休業は女性が取るもの」など、ジェンダーバイアス、アンコンシャス・バイアスの話題がでた。また、「男性は期待で昇進させる、女性は実績で昇進させる」という話も出たが、10 年以上経った今もあまり変わっていないのではないだろうか。この女性教職員懇談会は、やって良かった。大多数を占める男性教員の中で少数である女性教員にとって、具体的な困りごとを相談する先がないということも知った。懇談会で率直な話を伺うことで、学内の環境整備を進めることができ、女性教員からも一定の信頼を得ることができたと考えている。

芝浦工業大学は、2012 年のグローバル人材育成推進事業 (GGJ) に続き、2014 年にスーパーグローバル大学創成支援事業 (SGU) に採択された。学内での日常的な国際化推進のための環境整備の一環として、2012 年大宮キャンパス近くに国際学生寮を設置した。そしてその後、大宮キャンパス内の大学会館 2F を用途変更し、留学生と日本人学生が学びあうグローバルラーニングコモンズ (GLC) を設置した。これらの運営は国際部と連携して行うものの、国際部は豊洲キャンパスにあり、現実的には大宮学事部の仕事となった。大学会館 2F の用途変更については、当時の理事メンバーから強力に反対されたが、現状の稼働状況などをエビデンスで示し、また、私立大学等改革総合支援事業の施設設備費を活用するなど学内の調整を行った結果、法人から理解を得ることができ設置が可能となった。

大宮キャンパスに 3 年間勤務し、大宮学事部長としての仕事にも慣れてきた頃、2015 年に豊洲キャンパスと大宮キャンパスの学事部長の兼務を命じられた。当時、芝浦工業大学は豊洲キャンパス、大宮キャンパスの他、2009 年にデザイン工学部を設置した芝浦キャン

パスの3キャンパス体制だったが、学生数からいえば、ほとんどが豊洲、大宮の2キャンパスだった。この大規模な所帯の部長を兼務するなど前例がなかった。この時、「また試されている」と思った。大宮キャンパスと豊洲キャンパス勤務は、1週間を半分にわけそれぞれ通勤したが、大宮学事部長兼務はあっさりと1年後に解消された。しかし、「また」であった。今度は豊洲学事部長だけでなく、新たに設置したSGU推進本部事務部長を兼務することとなった。2014年に採択されたSGUは、芝浦工業大学としてはかなり高い目標を掲げており、これらの目標達成は必須であった。法人全体として目標達成に向けて事業推進する必要があり、特別組織として学長を本部長として設置したのがSGU推進本部だった。

　2014年度からSGUに採択されたことに加え、同時期に大学教育再生加速プログラム（AP）にも採択されており、両事業を並行して推進することとなっていたが、豊洲キャンパスに異動し両事業の推進に注力することとなった。

　2017年11月から2023年3月まで学校法人芝浦工業大学評議員、2018年6月から2021年6月まで理事（総務担当）、2019年9月から2021年9月まで事業法人である（株）エスアイテックの社外取締役など歴任し、法人経営に関する仕事も加わったが、エフォート的には豊洲学事部長の仕事が中心とならざるを得なかった。総務担当理事としての仕事に注力できなかったことを反省している。

　2020年度はコロナ禍により急遽全面オンライン授業となり、そのための迅速な対応が必須になった。入学生へのガイダンスもすべてオンラインで実施するなど、入学生、学生、保護者、教員（非常勤講師含む）などへ、適宜丁寧な説明を行う必要があった。また、機動的に対応できるよう部署を超えた対策も日常的にMicrosoft Teams等のオンライン会議を活用した。しかし、これまでシステムとしては導入されていたが、なかなか全学的に使用されてなかった授業収録システムや遠隔会議システムなどが浸透し、平常時ではできなか

ったことが劇的に変化した。

　心に残った言葉もたくさん頂いた。ある会議で当時の柘植綾夫学長が、「いうたらやれよ、やるなら面白くやれ」と言われたことが印象にある。会議では無責任にいいっぱなしの人がいたりする。いうだけ言って自分がやらない、他人に押し付けるタイプだ。そうではなくて、発言するなら、一人称で、自分事として責任をもって実行する。そしてやるときは楽しくやる、ということを教わった。また、時には耐え難いこともある。江戸時代の仙厓和尚の堪忍柳「気に入らぬ風もあろうに柳かな」の言葉とその絵を頂いた。柳に風、柳のしなやかな枝のように、逆らうことなく歯向かうことなく、風の流れに身を任せてさらりとやり過ごす。これは、「柔軟に対応する」ということでもあると感じた。

　村上雅人前学長からもたくさん心に残る言葉を頂いた。「夢と希望を持つ」。ポジティブシンキングだ。「culture of evidence」を徹底すること。不確かなことで議論するのではなく、数値データで議論することだ。IR は、大学改革を進めるためには必須である。そして、「できない理由をいうのではなく、どうすればできるかを考える」ということだ。新しいことをやるときに「規定にない」とか「前例にない」とかいう方が時々いるが、そうではなく、どうすればできるかを考えることだ。ピンチにぶつかったときは、これをチャンスととらえる思考、ポジティブに考えるとそのピンチも楽しくなる。管理職やトップにリーダーシップが必要と言われるが、「リーダーシップよりフォロワーシップ」がより重要とも教わった。

　この頃、前に紹介した「私の目の前に教育し直さなければいけないヤツがいる」と言った 10 歳年上の女性職員が早期退職をした。この方は芝浦工業大学の初代女性部長だ。退職時には「最後まであなたを教育しきれなかったわ」と言われた。私は再び唖然。確かにこの先輩が思うような慎重で生真面目な働き方は私にはできないだろうと、言われた意味を理解した。なお、この方とは退職後もお付き

合いさせて頂いている。タイプは異なるが、この先輩を尊敬している。決して不仲ではないのでご安心されたい。

　JUAM では 2006 年から 2008 年まで「大学人事」研究グループの第 4 期リーダー、2009 年から 2011 年まで第 8 期理事、2011 年から 2013 年まで第 9 期常務理事を担わせて頂き、学外ネットワークが広がっていった。現在、JUAM 会員は減少傾向と聞いているが、他の大学の職員との学びあいや率直に情報交換できる場は貴重だ。単にセミナーに参加するだけでは得られない価値がある。JUAM のような場を一層活用することで、我が国の大学の価値向上に、大学職員らが連携して努めてほしいと思う。

　振り返ると、48 歳から 63 歳のこの 15 年間のブルーステージは、非常に多忙だったが大学職員の醍醐味を実感した。仕事での青春時代かもしれないと思い、ブルーステージと名付けた。とはいえ、私自身は仕事中心の生活を決して望まない性格だった。否応なく仕事に巻き込まれていったが、どうせやるなら面白くやろうという思いで必死に過ごした日々だった。

ライフ（子育てからの卒業）

　第 3 子も大学生になり、漸く育児から手を抜ける状況になった。第 1 子が誕生した時、10 年間は私の時間はないと腹をくくったが、過ぎてみると 10 年どころではなく倍の 20 年だった。大学院勤務は MOT 対応もあり、就労時間も不規則になり、これまでのように定時で帰宅することが困難な状態となったが、子ども達から手を離れる時期と重なりワーク中心の生活となっていった。その後の大宮キャンパス勤務からも益々自分の時間など持てない生活が続き、ワークとライフのバランスを上手に保つことができなかった。

　2012 年に埼玉県の大宮キャンパスに異動となり、既述したように遠距離通勤となったが、夜中も胃痛で眠れなくなるなど体力の限界

を感じ、大宮、豊洲、田町の 3 キャンパスに通勤可能な中間地点に転居した。

この頃、茨城に住む父の衰えが感じられるようになり、私は帰省することが増えていった。そして、父は脳梗塞で突然倒れた。医師から「延命治療をしますか。ご高齢ですよね」と問われ、即座に延命治療を希望した。寝たきり状態から歩行訓練できるように回復するなど、真面目で頑張り屋の父は辛いリハビリにも耐えたが、2014 年 8 月に 86 歳で他界した。私たち家族は、父は回復に向かっていると思っていたので突然の死別に悲しみが募った。

父が亡くなると、気丈だった母が一気に衰えていった。父が死亡した翌年、今度は兄が 62 歳で、くも膜下出血で入院した。GW 前であったためか、運悪く受け入れ病院が決まるまで時間がかかり兄は寝たきり状態になった。頼りに思っていた長男のそのような病状に、母はますます衰えていった。そして、平日は茨城に住む姉が、週末は私が母のもとに通う状況になった。介護休暇や介護休業も頭をよぎったが、部長という立場ではとても休むことはできないと思っていた。結果として、茨城に住む姉に多くの負担をかけてしまい申し訳なかった。姉にはとても感謝している。そして、父が亡くなった 2 年後の 2016 年、母が二度目の心筋梗塞を起こし入院した。迅速な処置により心筋梗塞は治まったが、その後に脳梗塞を起こした。この時、一瞬で母は自分の死を悟ったと思う。「そんなに自分は悪かったんだね・・」と言い、その日、病院から帰る私の手を痛いほど強く握った。「こんなに強い握力があるのだから大丈夫だね」と私は返したが、これが母と交わした最後の言葉となった。母は 1 週間ベッドの上で頑張ったが、遂に 85 歳で帰らぬ人となった。57 歳で後に主治医より回復は奇跡だったとも言われた大腸癌、60 歳で転移した肺癌の手術をし、亡くなる頃には胆管癌も患っていたが、最期まで「生きたい」と思っていた人だった。母が亡くなって 2 年後、3 年間寝たきりだった兄も 65 歳で亡くなった。2 年ごとに 3 人の家族を

失ってしまったが、あの時、介護のための休みをとって寄り添うことができたらと、後悔と反省が残っている。

シルバーステージ（2021～2023年、63～65歳）
ワーク（役職定年　担当職）

　65歳定年を迎える2年前、63歳で役職定年となりラインの部長を降りることになった。それまで芝浦工業大学は役職定年を60歳と規定していたが、他に代わる者がいないという理由から毎年理事会で審議の上、役職定年を延長する慣行があった。

　2020年2月に理事長が交代し、定年前の2年間程度は定年後の生き方を考えるための時間として用意すべきということで、この慣行は廃止となり役職定年年齢は63歳とし一切延長はない、と規程を改定した。これにより、私は2021年から研究推進室担当室長、男女共同参画推進室担当室長、SGU推進本部担当部長となった。これまでなんとなく定年までラインの長でいるものと思っていたので、役職定年後はどういう働き方をすべきか、正直戸惑った。

　3つの兼務であるが、ラインの長が不在なのは男女共同参画推進室であったため、定年までの2年間は男女共同参画推進室の仕事が大きな比重を占めた。他の組織はラインの部長職がいる。名ばかりの担当室（部）長への扱いは、室（部）長も部下も困るだろう。求められれば対応するが、自分からは口を出さないこととした。

　男女共同参画推進室長はそれまで教員が担っていたが、事務職員の長は初めてだった。その取り組みも女性教員に対する教育研究活動支援や育児や介護に対する教員（男女）支援、女性学生を増やすことを目標にするなど、教学に関するものがほとんどだった。せっかく事務職員の私が担当になったのだからと、職員を対象にいくつ

かの企画を行った。男性イクキュウ座談会[12]、「私立大学における女性職員のキャリアと well-being」をテーマに女性職員懇談会[13]、教員に対するワーク・ライフ・バランスに関するアンケートなどを実施し、その結果を学内に公表した。これらは、私の大学職員としての集大成の仕事であり、男女が共に働きやすい環境を作るためのきっかけになれば、という思いから行ったものである。

　役職定年について意見を聞かれることがあった。一人ひとりが働きがいを感じられ、組織が成長するしくみであれば、役職定年はあってもなくても良い。仕事で評価する人事給与制度であり、昇格だけでなく降格制度も機能していれば、年齢で評価することは不要だ。しかし、現状のほとんどは降格を徹底できず、昇格させたい者がいてもポストが空かないという状況だろう。この場合は、役職定年という考え方もある。役職定年を制度として設ける場合は、例外なく徹底することも必要だ。しかし、どのような制度でも言えることは、ひとは年齢にかかわらず社会（組織）とつながり、役割を持って生きるという意識を持っている。雇用者は一人ひとりの意識に応える必要があるということだ。人生 100 年時代、何歳になっても社会とつながり役割を持って生きることが重要だ。「貢献寿命」の延伸が、個人と社会の well-being に資するともいわれているが、大学での人事制度を考えるうえでも、「貢献したい」「認められたい」という欲求に応えるしくみが必要だ。

---

[12] https://www.shibaura-it.ac.jp/about/gender-equality/mens-childcare-and-work01.html　（2024 年 4 月 23 日アクセス）
https://www.shibaura-it.ac.jp/about/gender-equality/mens-childcare-and-work02.html　（2024 年 4 月 23 日アクセス）
[13] https://www.shibaura-it.ac.jp/headline/detail/nid00002672.html　（2024 年 4 月 23 日アクセス）

ライフ（キャリアの振り返り）

　これまでは、ほとんど自分の時間を持てないライフだった。役職定年となり、定年退職したらどう生きるかと考える時間を得た。そういう意味では定年前の2年間は貴重な時間を頂いたと思っている。改めて自らのキャリアを振り返ってみると、「人事」が礎だったと気づきもあったが、「キャリア」については大学職員としての実務経験しかなかった。そこで、もう少し理論的に学んだ上で、自分自身を見つめ直したいという思いが生じ、2022年8月から毎週日曜日にキャリアコンサルタントのスクールに通うこととした。教育訓練給付金制度を一度も利用したことがなかったので、退職前に活用しようとも思った。スクールには自分の子どもより若い方々もいて、ロールプレイングでは、若い方々から教わることが多かった。私はキャリア教育など受けた世代でもなく、また長年の職員生活が邪魔をし、自分の癖を強制することは容易ではなかった。キャリアコンサルタントは国家資格であり、筆記と実技の試験がある。筆記試験前3日間は、リフレッシュ休暇をとり集中してにわか勉強をした。合格するとは思っていなかったが、筆記も実技も一発で合格したことは大変嬉しく、天にも昇る達成感を得た。

　キャリアコンサルタントの学習で理論を通して自らのキャリアを振り返る機会を得ると、大学職員の経験しかない自分に、これでよいのか、という思いが芽生えてきた。大学職員としては、多くの貴重な経験をさせて頂いた。また育児を通じて未熟な私も、子どもに成長させてもらった。しかし、まだまだ知らないことがたくさんある。そこで、定年退職後は新たな学びの場に身を置くことにした。

定年退職後の「私の履歴書」
プラチナステージ（2023 ～ 2024 年、65 ～ 66 歳）

　定年退職後のこの 1 年間を履歴書に追記したい。役職定年後をシルバーステージとしたが、これを撤回する。シニアはシルバーでなく輝くプラチナだ。死ぬまでアクティブシニアを目標にしたい。

　私には 45 年間の大学職員としての経験しかない。定年退職前に自分自身のキャリアを振り返りながら、自分はこのままでよいのだろうかと考えた。そこで、シニアを対象とした学びの場である立教セカンドステージ大学 (Rikkyo Second Stage College: RSSC) を受験することとした。2023 年 2 月に受験をし、2023 年 4 月より RSSC に入学した。RSSC は 50 歳以上のために立教大学が 2008 年に創設した学びの「場」である。人文学的教養の修得を基礎とし、「学び直し」「再チャレンジ」「異世代共学」を目的としている。ゼミ配属もあり、担当教員の指導を受けながら修了論文の作成が必修でもある。RSSC に入学しなければ決して読むことのなかった分野の本を読むこともでき、学びを広げることができた。長く働き続けてきた定年退職者のほとんどは、これからどうすればよいか、どう生きればよいかと迷うことが多い。RSSC は、「真の市民」として教養の修得が必要であるとしており、「第二の人生をいかに生きるべきか」という大きな命題を考えるためのカリキュラムやノウハウが用意されている。私も漠然とした思いを抱いていたが、これからを具体的に考えるための気づきが得られた。そして、人生のセカンドステージにおいて新たな仲間と出会い、1 年間プラチナ青春を楽しむことができた。定年退職後に多様な経験を持つ仲間を得ることができたことは何物にも代えられない財産である。ここで得た仲間たちとは修了後も学び合いやコミュニケーションがとれるしくみができており、今後もお付き合いが続くだろう。

　また、2023 年 4 月からは、JUAM 第 9 期会長であられた大工原孝

氏が所長を務めるウニベルシタス研究所にお世話になった。45年間もの仕事だった高等教育について、ライフワークとして学び続けたいという想いからだったが、2023年10月にはウニベルシタス研究所叢書[14]第4弾『教職協働はなぜ必要か』を人生で初出版することができた。このことは、私にとって大きな達成感と喜びとなった。

　2023年7月からは、大阪府に本部を置く学校法人追手門学院に理事としてお世話になった。追手門学院は、1888年の小学校設立を前身とするが、現在はこども園から小学校、中学校、高校、大学、大学院まで設置する学校法人である。大学は、経済、経営、地域創造、社会、心理、国際教養の6学部から2022年度に国際教養学部を文学部と国際学部に分け7学部体制に、2023年度には法学部が加わり8学部体制となった。さらに、2025年度には理工学部を設置し9学部体制となる。2012年6,400人から2024年には37,691人と、この12年間の志願者は連続して増加しており、勢いのある大学である。教学面では、2021年度に105分13週授業とすることでディスカッションやプレゼンテーションなど多様な授業展開を実施し、また教学DXの取り組みとして学生・教職員向けの公式スマホアプリ「OIDAIアプリ」[15]や次世代LMSなどをリリースすることで統合DBに学修行動・学修成果を蓄積し、教育の質的向上のための分析に生かすなど、教学改革も目覚ましい。このような勢いのある学校法人にお役に立つことができるよう、引き続き学んでいかねばならない。

---

[14] ウニベルシタス研究所叢書は、日本の大学教育をよりよきものにしようとする教職員への応援歌。
https://universitas.themedia.jp/ （2024年4月26日アクセス）
[15] 学生の体験価値向上を目指し2023年9月にリリース。学内のあらゆる情報やシステムにアクセス可能であり、アプリを通じて学生の学修情報等を可視化し教育の質保証と向上につなげる。

おわりに

　大学事務職員の履歴書を執筆にあたり、単に事務職員としての軌跡だけでなく「女性」としての部分も開示する必要があると考えた。そのため、個人的には公表しがたい「ライフ」の部分も敢えて記すこととした。時代の変化により私が歩んだ年代とは異なる状況もある。また、私の経験だけでは不足する点もあろう。しかし、妊娠、出産、育児や介護、病気などを抱え、働きづらさを感じている大学職員がいるのであれば、少しでも参考になったらと願う。そして、ちょっとでも勇気づけることができたら幸いである。

　人材育成に貢献できる「大学職員」という仕事は面白い。仕事は辛いものではない。楽しく行ってほしい。ポジティブに捉え仲間と協働して、時には JUAM などで得られる他大学の職員とも連携して歩んでほしい。そして、皆が well-being になれるよう、相手を尊重し思いやる気持ちを忘れず、常に「個と組織の成長」を願い、前に進んでほしいと思う。

　これまで大学職員の方々に、常に学び続けることが必要であると話をしてきた。働き方は大きく変化し、「キャリアは与えられるもの」から「一人ひとりが自らのキャリアを選択する」時代となってきた。また、キャリアとは職業だけでなく「人生そのもの」として捉えられている。キャリアは死ぬまで続くのである。社会全体でマルチステージ人生におけるキャリアを考えていく必要があるが、大学で働く職員にはこの点について特に考えてほしいと思う。

参考文献

石渡朝男、2008、「実務者のための私学経営入門」、法文社
村上雅人、2021、「教職協働による大学改革の軌跡」、東信堂
吉川倫子、2009、「大学人事研究Ⅱ―変貌する大学人事―教員評価
　　の実情と経営人材の育成」、学校経理研究会、pp.137-151
吉川倫子、2013、「大学行政管理学会『大学人事』研究グループの
　　歩み―100周年記念研究会を迎えて」、学校経理研究会、pp.76-77

吉川　倫子（よしかわ　のりこ）

1958 年生まれ
1978 年 3 月　学習院女子短期大学　家庭生活科　卒業
1978 年に学校法人芝浦工業大学に採用される。その後、大学事務部
庶務課、財務部経理課・用度課などを経て 1995 年に人事課長補佐、
2001 年人事課長、2006 年豊洲学事部次長、2012 年大宮学事部長、
2015 年豊洲学事部長、SGU 推進本部事務部長、2021 年研究推進室・
男女共同参画推進室担当室長となり、2023 年 3 月に定年退職。この
間 2017 年から 2023 年まで評議員、2018 年から 2021 年まで理事。
2023 年 7 月からは学校法人追手門学院理事。
ウニベルシタス研究所　上席研究員（2023 年から現在）
一般社団法人大学行政管理学会　理事・常務理事（2009 年から 2013
年まで）

追手門学院大学（おうてもんがくいんだいがく）

　大阪府茨木市に本部を置く。1888 年に創立され、1966 年に大学を
設置している。8 学部 3 研究科を擁し、学生数 8800 人からなる人文
社会科学系の総合大学である。2025 年には理工学部を設置し、文理
を備えた 9 学部からなる総合大学となる。建学の精神は「独立自彊・
社会有為の人材育成」である。「独立自彊」とは、自分の考えをしっ
かりと持ち、自らの成長に向かって着実に努力することである。

芝浦工業大学

　東京都江東区に本部を置く。1927 年に創立、1949 年に大学を設置
している。4 学部、大学院 1 研究科からなり学生数 9600 人の理工系
大学である。建学の精神は「社会に学び社会に貢献する技術者の育
成」である。

一日一生　〜職を得たからには和顔愛語で

大工原　孝

はじめに

　2024年2月、定年退職から5年の月日が経ち私は70歳を迎えた。昨年5月にはこれからの大学職員への参考として、「プロフェッショナル職員への道しるべ―事務組織・人事・総務からみえる大学の現在・過去・未来―」を上梓した。今回は、「大学事務組織」の考え方や抽象論ではなく、私が経験した40有余年の出来事を中心に振り返ってみた。私の歩んできた道は、「山あり谷あり」のまさにジェットコースターのような職員人生であった。まずは、何故、大学職員になったから触れていきたいと思う。

職員のスタートラインにつく

　我が国は以前、石油危機に覆われた不景気な時代にあった。俗に言うオイルショックである。第一次オイルショックは1973年から1977年であったし、第二次オイルショックは1978年から1983年と言われている。私が大学に在学したのは、1972年から1976年であったから、その後、自分の勉強不足を言い訳にして、大学院法学研究科博士前期課程に在学し、同課程を修了したのは1978年の3月であった。大学卒業時も大学院修了時も、そのオイルショックの真っ最中であった。

　私の父はかつて細々と中小企業を経営していたが、経営権を託し

た親族の若手経営者の乱脈経営から会社は倒産してしまう。母は耐乏生活の中でも、子どもにひもじい思いをさせないという「肝っ玉母さん」であった。幼少期は愛情溢れる家庭環境の中でぬくぬくと過ごしてきたものの、家計状態もあり、「生業」としてどこかに就職しなければならない環境にもあった。

　大学は高校時代恩師のアドバイスもあり法律学科法職課程ではあったが、3年次からは教員免許を目指し教職課程の履修もはじめた。同級生からは「三年生からは無理だよ」と言われたものの、当時の法学部では可能だった一コマに三科目履修登録する離れ業であった。それでも修了できる良き時代でもあった。

　肝心の学費については学生課の指導よろしく、当時日本育英会の奨学金の支給を受け、学費・書籍代はそこから支弁して、学部・大学院合わせて6年で修了した。付属高校の3年間もあわせ都合9年間、日本大学にお世話になった。それならば何らかの形で「母校に恩返し」できないものかとも考えていた。たまたま、学部と大学院が同じ篠原指導教授のもと、2年上に高梨公之先生（その後、総長に就任）のご子息がおり、懇意にして頂いていた。

　私は当初、大学の準付属高校の教諭も視野に入れており、その高梨先輩に相談したところ、「父が準付属校の役員をしているので相談してみます。」とのことで、高梨先生から当時の通信教育部経理長と本部人事課長の二人を紹介され、知遇を得て準付属校の募集要項等を入手した。

　ところがその要項の中には「東京都私立学校教員適性試験の合格者」という要件があり、受検していなかったので諦めざるをえなかった。ときは「就職難の時代」。就職指導課の掲示板で探すものの、文系の大学院修了者を「可」とする就職先は皆無に近かった。そういう中でも「大学院可」と掲示していたのは、「日本大学職員」とＡ電機くらいであった。

　ここでも一つのハードルが出てきた。「大学職員」の募集要項には

当時「学部長推薦」が明記されていて、「法学部の学内選考試験」に合格しないと、推薦を貰えない制度であった。かなりの倍率であったが、なんとかクリアーして応募要件を満たしたことを覚えている。クリアーと言っても私の事務手続きの齟齬から、高校時代の恩師木村先生と懇意にされていた法学部事務長に事務的ミスをフォローしていただき、辛うじて学部内選考をクリアーすることが出来た。ここでも人との縁の大切さを痛感し感謝しなければならない。

　かなり昔に、「デモシカ教師」という言葉を耳にしたが、私は「デモシカ職員」としてのスタートであった。しかし、職員になったからには、給料分以上の働きをしなければなるまい。それが生業としての勤めだと思う。

初任は芸術学部　はじめての江古田キャンパス

　大学から採用試験の合格通知がなかなか届かず、半ば諦めかけていた 1977 年 12 月下旬、なんとか採用通知をいただき、「クリスマスプレゼントだね」と家人と喜んだことを記憶している。

　通知の配属先は、一度も行ったことのない「芸術学部」であった。日本大学は学部が各地に分散していて、芸術学部は東京都練馬区の江古田キャンパスにあった。年が明けて学部庶務課の人事担当者のTさんからの連絡を受け、学部に向かい、必要書類としての住民票や通勤届等を持参するよう指示を受けて、「この必要書類はいつ頃持参すればいいのですか。」と聞いたところ、「いつでも良いです。揃い次第、持参して下さい。」とのことであった。

　そこで、2 月上旬だったか、書類を持参したところ、そそくさと入校しようとした私も悪かったのだが、正門のところで「ちょっと待て。お前は誰だ」と呼び止められ、説明したものの、「採用書類を持参したとしても、今日は入試だから部外者は入校できない。」と門前払いを受けた。

警備責任者は人事担当者の T さんに電話を入れ、「とにかく今日は入校させない。何故、きちんと説明しないのか。」と怒り心頭であった。しかし、担当者に中庭まで来て貰い、書類を手渡すことは出来た。通用門を退去する際、「失礼します」と警備責任者に挨拶したことを覚えている。当時の警備責任者は、S 課長（前年まで芸術学部庶務課長、のちに学部事務局長に就任）で、学内抗争で学生課長に異動させられて場外警備という寒空での想いが強かったのかもしれない。

　そういう出来事もあり、配属自体が取り消されるかなと思いつつも、それでも 1978 年 4 月に採用され、配属先は学部の庶務課であった。

学部事務局での驚き

　まず、赴任して驚いたのは服装である。芸術学部というフランクな環境からか、男性職員はほとんどがノーネクタイ・サンダル履きで、夏は T シャツが主流であった。教員はスタジオ照明の関係からか、日頃からサングラスをかけていた。私が配置された庶務課は、T さんがほとんどの業務を担っており、会計課でも女性職員が主軸であった。職場のベテラン女性に皮肉を込めて表した言葉として近年の言葉でいえば「お局様」と呼ばれるが、男性が働かない分だろうか、そういう職場環境であった。

　庶務課では、総務・人事・給与・広報・研究費・海外交流・教授会資料の作成等を行っていたが、大半の業務は T さんが囲い込んでいて、私が担当したのは「文書」の受付と、各課への供覧文書配付事務・郵便物の仕分けであった。課長補佐の男性はいたものの、国費外国人留学生業務と教授会議事録の作成だけに押し込められていて、一つの仕事を奪い合うような空気感もあった。

　教授会は月 2 回の開催で、その時は会議室の机・椅子を並べ替え

る力仕事もあった。机のセッティングは年配の女性用務員さんの仕事であったが新人でもあり手伝っていた。「入口から先方の机は、7歩半で並べて下さい。」と指導を受け、言われたとおりに並べたら、それではダメで「私の歩幅で7歩半です。」とやり直す始末、前近代的な雰囲気が残るホンワカした職場であった。

　夏期休暇取扱期間の2か月間の勤務時間は10時から14時で、期間中に一斉休暇2週間を含む4週間の休暇が付与された。出勤日は、女性職員の発案で、お中元に頂戴したそうめんを茹でて、私は、希望者のコロッケをお肉屋さんに数十個購入してくるという係で、牧歌的でまるで「サザエさんの家」のような家族団らん「ちゃぶ台の上の事務局」であった。

　文書の受付配付業務は1時間もかからないし、「今日一日、何をしようか」と悩みつつ、非正規の学科補助員契約更新時に活用しない出勤率のタイムカード集計と、ヒマがあれば規程集や労働法令を隅から隅まで読み込み、規程のどこに何が書いてあるかをおよそ知識として蓄えることができた。

　また、庶務課長と職人芸のTさんからは誰も手を付けなった地下倉庫の古い公文書の整理を託され、粉塵と埃にまみれ、数か月かけてどうにか整理整頓し、外部からの過去の文書照会にも対応することができるようになった。

　当初から、主に文書受付業務しかなかったから、自ら仕事を開拓して与えられた仕事をキチンとこなすことを覚えていったと言えなくもない。

　当時の時代背景としては、教員の「労働者性」が否定されていて、教員への労働保険加入・業務災害や失業保険加入ということが指導されはじめた時期であった。

　そういう時に、教員による自動車通勤による「通勤災害」案件が発生した。それまで、誰も担当したことのない労災案件であり、担当者もいないので、図らずもその案件の担当者になった。

当時、上司や先輩に聞いても事務処理方法が分からず、本部人事部給与課長に聞いても良く分からないケースであった。課長からの指示もあり、労働基準監督署に出向き、「第三者行為災害届」や一連の書類作成まで労基署担当者に聞きながら事務処理をすることになった。教員の通勤災害事案として、はじめて決裁文書を起案することになった時の喜びはひとしおであった。それまで、決裁書は全てＴさんと海外留学生絡みで課長補佐のみが起案していて、今では想像出来ない時代であった。

また、五美大関連業務も誰も対応しない事務であった。東京の五美術大学とは、武蔵野美術大学・多摩美術大学・東京造形大学・女子美術大学と日本大学芸術学部であり、五大学が東京都美術館で絵画と彫刻分野の連合卒業制作展を実施していた。

それまでは学生課長から事務長に昇進された方が事務対応されていた。武蔵美・多摩美・東京造形は「教務課」所管（女子美は企画室）であったが、教務課が引き受けないせいか「他の課の所管に属さない事項」として庶務課で担当することになった。後に、五美大業務は庶務課から教務課に数年かけて移管したが、女子美からは「何故、教務課に移管したんですか、教務課以外で担当するのは本学のみになった」と言われたことがあった。

入職３年目の頃、「日本大学広報」誌で「大卒 2, 3 年職員、大いに語る」という４名による座談会企画が行われ、当時、自分の事を棚に上げて「職員は学生に対して言葉使いの丁寧さが不足している」と生意気にも発言していて、面映ゆいばかりである。

庶務課の業務には「人事給与事務」も包摂されていた。芸術学部の給与は前歴換算の見直し作業が遅れていたため、他学部に比べて低い状況だったので、「見直し」作業を通じて基本給を上げるため、人事部給与課の指導を仰ぎながら、課長とＴさんのお手伝いとして事務作業も行ったものである。

また、職員育成の一環であろう、初年次から本部人事部主催の人事関係事務研修会に参加させて貰った。初参加では、「新入職員の育て方」「代休と振替休日の違い・休日勤務手当の支払い義務」などグループ討議に参加しつつ規程や法令をもとに自分の見解を発表した。新人でもあり、上司や先輩達が繁華街に繰り出した際、数十人分の布団を二名で敷いたことを記憶している（数十年後、実は布団敷きを再び経験することになる。後述）。

　その後の人事関係事務研修会の研修テーマ募集時に、「大学と企業の人事制度の相違」を希望したこともあった。未だに、大学と企業の人事制度の相違について私はその認識に乏しいので引き続き学習しなければなるまい。

ある後輩の存在と出来事

　このようなのんびりした職場であったが、私の二年後輩に新人の職員が配属されてきた。理工系学部出身の真面目で生一本の職員であった。後輩は課長補佐が担当されていた海外交流の業務を担当していた。

　その仕事のかたわら、当時、本部人事部から労災に関連して、「通勤路線図」を作成するよう指示があった。これまで学部には通勤路線図は皆無で、本部にも軽易な前例しかないので、後輩と二人で知恵を絞りながら作成したものである。業務以外でも気脈を通じながら、ほとんど毎日、昼食を共にし、仲良く過ごしていた。

　一年経った頃、突然、後輩は出勤することが出来なくなり、一週間ほど行方不明になった。まもなく、出勤再開したものの、それほど完全に復調したわけでは無かった。昼食後のコーヒータイムでは、後輩は自身の仕事に対する想いと現実の狭間の中で、「なんでいい加減な輩が大手を振って事務局を歩くのか。庶務課の基幹業務は囲

い込まれていて分からないし、人を育てようとする風土がない。やってられませんよ。」とぼやいていた。

「もうしばらく様子をみようよ。」とその場はとりなしたものの彼はしばらくして自ら命を絶ってしまった。後輩の想いを解決することが自分はできずに、これほどショックを受けたことは無い。彼の同期や後輩と一緒に墓参に行き、墓前で「大学では今後二度とこのような悲しいことが起こらない職場にします」と誓い、毎年の墓参は四十数年に亘って続いている。

仕事を囲い込むTさんの存在は、後任で着任された浅田庶務課長（その後、歯学部事務局長・人事部長・常任監事）始め、学部長・O評議員等、上長の役職者も気にかけていたようで、彼女がいなくなったら、庶務課業務に支障が生ずるという懸念をよそに、彼女の異動を学部執行部は敢行した。

軟式野球部の監督を兼務していた浅田課長の采配と全面的な信頼を得ていた私は、期待に応えるべく庶務課業務（総務・人事・賞与計算を含む給与事務・広報・地元官公庁との打合せ）全般を担わざるを得なくなった。幸い、Tさん担当の賞与計算事務補助をしていたので支障なく対応できた。「その担当者を異動させると業務が停滞してしまう」という無用な懸念は必要ないし、残った人員で組織は動くことを実証できたと思う。

給与事務に関しては、本部人事部給与課長からの声掛けで「給与問題検討会」という6名くらいのプロジェクトチームメンバーに選ばれ、1年ほどかけて給与の懸案諸課題について侃々諤々と議論を交わし、時には合宿も行い新しい給与制度の骨格作りに携わったものである。

学部では、非常勤講師にも交通費を実費支給するという大学の新方針により、その業務も他の課ではなく庶務課で対応することになった。なにしろ非常勤講師が300名以上もいて、守衛室に寄らずに、直接、学科事務室や講師室に行かれる先生方、出講簿を置きっ放し

にすると、月末にまとめてサインすることを避けること等、教務課からは出講簿の現状、会計課からは厳密な実費の要請という意見を聞きながら、庶務課で計算することになった。

出講簿は正門・裏門の守衛室、七つの学科事務室・講師室の 10 か所に置かれていて、毎週回収しコピーしておく業務処理であった。手間のかかる誰も経験したことのない業務が中心で、これらの仕事の精緻性が評価されたのか、それまで会計課で担当していた通勤手当や家族手当の計算事務も、その後、庶務課での業務になっていった。仕事の処理やイロハを教わった女性職員の先輩や同僚達に感謝せざるを得ない。

芸術学部では当時、不審火（おそらく放火）が続発して地元の消防署と善後策を協議した。「消防計画」はあったものの、不審火への対策が不十分であることを指摘され、防火管理者講習を受けていたので何度も消防署を往復し、改定「消防計画」をようやく受理して貰った。おまけに馴染みのない自衛消防訓練大会にも参加させていただいた。

1984 年、私が就職時にお世話になった高梨先生が総長に就任される。「総長」の秘書を誰にするかとなり、その候補者として篠原指導教授の推挙により私が俎上に挙がったそうだ。本部人事部長から話を受けた直属上司の浅田課長は、たまたま学部長が海外出張中のためと逡巡されていた。何回かのやり取りをしている間に時間切れになり、総長秘書のお役目はなくなったが、数年後に、同じ「総長秘書」の話が持ち上がってきた。なんとも不思議な巡りあわせといえよう。

1985 年 1 月、浅田課長の強力な推薦により 29 歳で「庶務課主任」に昇任した。芸術学部では大学設置基準を充足させるための校地面積が不足していた。いくつかの候補地の中から、埼玉県所沢市にその校地を確保した。芸術学部所沢校舎の開設に向けた準備は開設準備室で行うものの、所沢市役所・バス会社との通学特定バスの運行

等未体験の折衝を浅田課長に随行しつつ、市からはキャンパスと駅間の変則十字路への変更要望を受けたりもした。所沢市との協力関係から「市民公開講座」の開設に向け、公開講座の企画・講師の人選・準備・設営・運行の業務を所沢校舎事務局と連携し実現することができた。この公開講座も学部としては初めての試みであった。

　しかし、キャンパス増設に伴い当時の学部運営資金は厳しいものがあり、学部は本部からの助成金を受けることになった。法人は独立採算制（部科校財政責任制）を採用しているので、所沢市に確保した 42,000 坪のうち、大学設置基準の校地面積を超過する 7,000 坪を本部に移管して資金を確保、その後、当該移管地は本部「総合学術情報センター（以下、「情報センター」という）」となっていった。

　マスコミ関連では、ある学科の内紛問題がこじれ、一部新聞に報道され、マスコミ対策として当時の学部長宅に浅田課長と共に待機していたところ、当該学科主任から学部長に電話が入り、記者がご自宅付近にいて帰宅できないとの連絡であり、深夜に私が近くまで学科主任を迎えに行き、事なきを得たこともあった。しばらくして、学校法人の運営を巡り、当時の総長と 9 人の学部長の対立が激化、「学部長たちの反乱」と書き立てられ新聞等マスコミでも取り上げられたことがあった。その後、理事会において、芸術学部長を含む 9 人の学部長は解任されるに至った。

　庶務課では管理運営業務を担当していたが学生との接点が皆無というわけではなく、ヨーロッパ学生引率として 22 日間で巡り（その時の団長は一ノ瀬教授で、その後学部長に就任し、奇しくも北京広播学院の 50 周年記念式典に私は事務長として随行）、落語研究会のクラブ顧問（当時の部員に今活躍中の「立川志らく」や「元祖爆笑王」等がいる）を仰せつかっていた。落語研究会の夏合宿には OB の高田文夫氏も参加され、落語の稽古立会いは懐かしい思い出である。その落語研究会の部室から失火事件が発生する。

時を前後して「芸術学部創設 70 周年事業」が開催された。学部の特性からか、舞台を設置して大々的な催し物を実施することになっていた。庶務課が行事の主管であり、当然、設営・大道具・演舞・音響・照明・撮影・演者との打合せ等、素人レベルではなく、学科の教員のみならず技術職員の積極的協力を得ながら、可能な限り費用をかけずに自前で実施することがミッションであった。今で言うところの「教職協働」の成果によって卒業生や退職教職員もお招きして成功裏に終わった。イベント会社やホテルに依頼すれば相当の費用がかかったはずである。式典終了後に、事務局長は係員に「皆さんのご協力により大成功であった。係員の慰労会は祝宴の残り物ではなく、後日、きちんと行ないます。」と明言された。翌月だったであろうか、「課長・主任会議」の席上、事務局長は発言を一転して、「予算厳しき折、周年式典の係員慰労会は実施しない。」と説明。私は、学科の係員を手当無しでお願いしていたので、「それはおかしいです。新高輪プリンスホテルの会場で、係員慰労会を実施すると明言されたので、実施して頂きたい。」と会議の席上、二回食い下がったものの、慰労会は実施されなかった。その発言から数週間後、13 年 8 か月に及んだ芸術学部から転出することになった。

　丁度、年末の歓送迎会の席上、ひとりずつ離着任のスピーチをすることになるが、「異動の内示をうけた際、『あぁ、あれだな』と察知しました。落語研究会部室からの失火の責任をとって異動します。」と述べ教職員の笑いを誘って会場をあとにした。

最初の部科校間異動 総務課主任（1991 年 12 月 19 日異動）

　異動先は本部総務部総務課であった。その当時の総務部長は、私が以前参加した日本私立大学連盟「文書研修会」の講師であり、「私立大学職員入門」執筆者の一人である渡辺登氏であった。異動直後

は先輩の暖かい配慮から、文部省（当時）への紹介と「大学設置基準の大綱化」を読むことを中心として頂き、冬季五輪結団式準備・案内状通知等、外局と呼ばれていた保健体育事務局のバックオフィス業務を担当し、余裕のある業務遂行であった。

　しかし、それも束の間、新年度から毎週開催される常務理事会や月1回開催される理事会の議事録作成、事務局長会議・事務長連絡会議・評議員会の所管部署として事務対応を行なった。議事録作成には時間をかけないよう2日〜3日で仕上げるよう心掛けたものである。

　1993年、総務課課長補佐に昇任し参事補となり、総長選挙や評議員選挙の選挙権資格も付与された。また、大学主催の「課長補佐研修」では総務課長補佐として参加、その際、所属の異なる補佐と同じグループになり、そのグループ討議の中で、私の発想とは異なり、営繕部の課長補佐は「談合は致し方ない制度」と発言されたことに驚いたものである。

　その後、人事部人事課から異動してきた新しいN総務課長は異色であって、執行部と直結する業務を行うべく、創立100周年記念事業であった外国人ゲストハウス建設や、「情報センター」の開設準備業務をそれまでの総合図書館等から総務部総務課にもってきた。仕事だから致し方ないので主業務の合間に担当した。情報センターには教育・研究・図書・マルチメディア・通信衛星の5つの機能があり、加えて、ネットワークを各キャンパスに敷設するという準備作業があった。WWW[16]等が知られていない環境の中での業務処理であった。

---

[16]　WWWはWorld Wide Webの略で、ワールドワイドウェブと読み、インターネット上に散在する文書を相互に参照できるシステムのことであるが、単にインターネットを指す言葉としても使われる。たとえば、オンライン会議をウェブ会議と呼んだりする。

横山病院事務長（元人事課長・後に医学部事務局長）から河原崎福治研究総合事務室長を紹介されるのもこの頃であった。横山事務長も河原崎事務室長も N 総務課長の仕事の進め方に懐疑的であった。三人での席上、河原崎氏は「今日のことは狛犬のように黙っています。」とお話されたのを今でも鮮明に記憶している。その後、「研究情報」については、河原崎氏と相談することも多く、そればかりか事務職員の仕事の仕方や勉強の方法・哲学・世界観のみならず、大所高所から指導していただき、いまだに「師匠」と呼べる存在である（詳細は『プロフェッショナル職員への道しるべ―事務組織・人事・総務からみえる大学の現在・過去・未来―』【ウニベルシタス研究所叢書・飛翔舎 2023 年 5 月 11 日刊行、以下、「前掲プロフェッショナル職員」という】に触れている）。

　センターの開設準備はとても片手間でできる業務ではなく、N 総務課長には「一日も早く準備室を創って欲しい」と何回もお願いしたものの、結局、準備室ができた時には、開設まで半年しかなく突貫作業となっていった。

情報センター開設準備室へ（内局から外局へ）

　1994 年 4 月に、ようやく「総合学術情報センター開設準備室」が設置され私が準備室の課長補佐になった。上に課長はおらず、残り6 か月しかないので、当時の K 主任とほとんど深夜までの残業になった。今となっては立ち上げの業務は楽しいし、やったことのない仕事への挑戦であった。情報センター準備室には、私と主任の二人、それに新卒の職員二名及び学部長会議等に出席される次長と兼務の教授クラスの開発研究員による準備室業務であった。

　当時は、ネットワーク環境が未整備の上、インターネットや WWWは黎明期であったので、部科校の理解が乏しく説明と説得のためキャラバン隊と称して、全国に分散している 14 学部・22 キャンパス

と 11 の付属高校を廻る非常にタイトな業務であった。それでもどうにか、全部科校へのネットワーク敷設環境・通信衛星の受信環境（アンテナ工事と受像機設置）を整備した。ある一日は、埼玉県所沢市（芸術学部から以前移管された校地）を出発し、神奈川・千葉のキャンパスを廻り、市ヶ谷の準備室と一都三県を回ったこともあった。

通信衛星に関しては我が国の大学初の設備であり、文部省（当時）からも視察に来られた。問題は、配信の中味であって、映像制作に実績のある芸術学部の全面協力で、定期的に送信することが出来た。当時、通信衛星に関しては、アナログ帯域の利用であり衛星利用料は「1分1万円」の時代であった。

時間との勝負であったが、曲がりなりにも創立記念日の 10 月 4 日に合わせオープンにたどりついた。情報センター事務局は、全部科校の情報政策を取り纏める情報企画課と、ネットワークの安定供給を目指すシステム管理課、総合図書館機能を果たす学術情報課の三課体制となった。上長の管理職も配置していただいたが、5 人の新人職員を指導しながらの大忙しの船出であった。情報センター長は瀬在幸安副総長（のちに総長）であり、センター長は国立がんセンターのような「特別の付属機関」という位置づけを明言されていた。

センター長は心臓外科の世界的権威であり、オープン企画としては、アメリカの大学と手術室を通信衛星で結び、衛星生中継で国際シンポジウムを開催したものである。三課体制としてオープンはしたものの、業務が山積みで三課とも残業が続き、「深夜なのにどうやって所沢から帰宅出来たのか」と人事部長からお咎めを受けた。バスは相応の時間で終了してしまい、残業になることは事前に分かっていたので、マイカーを利用して通勤していた。

情報センターは最寄り駅から 4 キロほど離れていて、通勤の足の確保も大切だった。情報企画課では庶務業務も担当していたので、廃止された日本大学稲取病院から移管を受けたマイクロバスを活用

させてもらった。朝、通勤用マイクロバスは JR 武蔵野線東所沢駅の
ロータリーを使用することは出来ず、駅近の開店前のパチンコ屋さ
んの駐車場を臨時に借り受けていたので、そのお礼として盆暮れに
は生物資源科学部のハム詰め合わせを持って店長にご挨拶に行った
りもした。

　特別な付属機関と言いながらも、既存部署との軋轢があり、既に
ある学生基本情報・図書情報や就職情報のデータベース移行には、
当時の就職部や学部事務局等からかなりの抵抗にあい、時代環境が
早過ぎたのか、一足飛びにデータの構築に至らなかった点も否めな
かったと思う。

情報センターから総長秘書へ（外局から内局へ）

　情報センターで多忙な業務をこなしていたところ、瀬在センター
長が次期日本大学総長に選出され、私が総長秘書を拝命することに
なり、1996 年 9 月総務部秘書課に異動となった。秘書課長は元総務
課長の N 氏であった。高梨総長就任時にも「総長秘書」のお声掛け
があったから、おそらく「秘書」は私に与えられた宿命だったのか
もしれない。先輩の女性秘書から、「有って当たり前だが無くては
ならない秘書は空気みたいなもの」と教わり心がけたつもりである。
昼夜を問わない秘書業務であったが、総長は三年後に再選を果たす
ことができた。この間 1997 年には、秘書課長を拝命している。その
当時、総長は二選すれば三選すると言われており、私の「総長秘書」
の任務は終わったと理解し、総長に「再選という私のお役目は終了
しました」と報告したところ、こころよく放出に賛同いただき、「次
はどこにいきたい。異動先は、人事担当の K 常務理事と相談するよ
う」指示を頂き、その懐の深さに感動した。仕事のスタンスが合わ
なかった N 氏と異なる部署を望んでいたので、その点を聞き入れて
いただき、「N 氏は総務部長、私は人事部人事課長」にと配置先に

配慮いただき、今でも当時の総長と常務理事の英断に感謝し恩義を感じているところである。

総務部秘書課長から人事部人事課長へ

1999年、人事部人事課長を拝命することになった。私は以前から「人事課長や総長秘書は長く続けないこと」を、河原崎師匠の薫陶もありモットーにしていた。人間はどうしても長く続けることによって立場を離れて物事を考えられなくなり、属人的な部分と業務の混同に陥る危険性があるからである。孫福弘氏の言うところの「自己の解放と客体化」に通ずる部分であろう（前掲「プロフェッショナル職員」p.128。私立大学のマネジメント[職員必携]pp.113-114 参照）。

人事課長に着任してからは、以前から残されていた課題を処理しながら、大学の将来構想を見据えた人事政策を断行した。例えば、人事関係事務研修会の活性化・異動名簿の即日公開・臨床教授制度の創設・看護師定員の諸問題や、職員採用試験の面接試問には新たに女性目線からの評価として「女性職員」による第二次面接を設け、簡単な英語試問も採り入れてみた。さらに永年多年勤続表彰式における受賞代表者を、それまでの幹部役教職員から、一線の現場で日夜活躍している看護師や技能系職員に変更した。こういう発案は現場を預かる課長だから出来る醍醐味といえよう。どちらかと言えば、陽の当たらないところに陽を当てるのも人事課長の仕事ではないだろうか。

教職員数も 7,700 人と多いのでそれに比例して「懲戒処分」案件も相当数扱った。懲戒処分にするには人事給与委員会の意見を聴かなければならず、答申書案を作成の上、委員の弁護士と打ち合わせることも多かった。弁護士に丸投げする担当者も以前はいたようだが、それは私の職員としての矜持が許さなかった。ある医局では主

任教授による任期制職員へのパワハラ解雇が起き、職員が駆け込んだユニオン労組との交渉に研修福祉課とともにあたった。

当時、人事課では人事辞令を一枚ずつ和文タイプで作成していた。しかし、稟議書からタイプに打ち直すことでミスも発生するし、システム化によって、起案書・決裁と辞令の作成までデータ共有ができるはずである。そこで、情報センターと連携の上、一連の事務処理をシステム対応に変更した。既存部署がその気になりさえすれば、システム化も弾みがつくことになる。

さらに、日本私立大学連盟には従来からすこぶる優秀な職員を派遣していた。当時、派遣していた職員は、保健体育事務局に戻ることの取り決めであったが、空席となる理事長秘書の後任候補として、保健体育事務局長と掛け合い納得の上、大学に戻った際に総務部秘書課配属にしてもらったものである。

その他、信賞必罰を含む多くの人事施策を実行したが、詳細は「求められる大学職員像の模索―本学の現況と人事諸制度改善点―」大学人事研究 所収（大学行政管理学会「大学人事」研究グループ編）に述べている。【この論考は、前掲「プロフェッショナル職員」にブラッシュアップし一部収斂されている】。

そんなある日、帰りがけに中庭財務部長（その後、常務理事）に声をかけられ、居酒屋で歓談の機会を得て、すっかり意気投合し、幾つかの示唆を受けたものである。例えば、「大工原君、大学職員は明日から異動と言われても、慌てずに直ぐに対応できるよう日頃から業務をしていなければならないよ。それが仕事というものさ。」と言われたものである。今後も通用する職員の「心構え」と言えるだろう。

長く続けないことを不言実行するため、「人事課長を3年で異動すること」を当時の上長に認めてもらっていた。人事課長から転出する際に「鬼のダイクから仏の〇〇に」と揶揄されたものである。

人事課長時代には、大学行政管理学会 (JUAM) に加入し、「大学人事」研究グループに入り、原邦夫リーダー・吉田信正サブリーダーの薫陶を受けたものである。その後、時の巡り合わせか、お二人には JUAM 会長時に孫福賞を授与する僥倖を得ることになった。しばらくして第二代会長の立教大学・石井秀夫氏から「日本大学からJUAM 役員が出ていないので監事をお願いしたい」との要請を受けた。

　日本私立大学連盟の調査委員会に入ったのもこの時期であり、当時の委員長は井原徹氏でありここでも、物事の大局を見るという薫陶を受けたものである。

再び学部勤務へ（芸術学部事務長へ）

　2002 年、芸術学部事務長に転出した。11 年ぶりの学部勤務であった。もともと自分は奥に鎮座しているタイプではない。着任して直ぐに執務スペースを奥にあった事務長室から、事務局の真ん中に移設してもらった。現場から遠いと物事が見えにくくなるからである。

　学部事務長職は、庶務・教務・会計・学生・管財・図書・就職・研究の 8 課を統括し全体の事務執行を管理監督する職位である。会計課に関しては、別に「経理長」が管理監督職として配置されていた（もっとも経理監を学監と対比して捉えると違った解釈になるだろう）。

　上司の事務局長は元応援団長の経験者かつ親分肌の方で、なんでも任せるタイプであった。当時の学部最優先課題は、江古田キャンパスの全面建て替え工事の大事業であった。加えて、建替えに伴う所沢キャンパスへの美術棟一部移設工事も進められていた。キャンパス整備の委員会を前にした、事務四役の会議は毎週開催され、一日の会議所用時間は、多いときは半日を要した。

事務的課題だけではなく、8 学科からの強烈な要望への対処も協議したものである。学科や一般教育部門からの要望や工事関連の近隣住民・工事車両乗り入れ問題、マスタープランや基本設計から実施設計にいたる月二回の設計会社との打合せ、設計会社立会いの中、総予算は限られているので、その中での各学科との意見調整、学科からの要望を全て聞くと建替え工事は予算内におさまらない状況にあったので、如何に建設費を圧縮するかの作業でもあった。

江古田校舎のまわりは、古くからの商店街や住宅地であった。工事に対する苦情も予想されたので、発言力のある近隣の方を相撲見学に招待し、地元商店街との情報交換や地元連絡協議会にも参加して懇親を深めたものである。

解体建物のため近隣マンションとの騒音・粉塵対策として住民説明会にも参加し、電波障害対策・大型車通行不可のため隘路の一方通行路への対応を余儀なくされていた。

工事開始後は、授業をしながら仮設建物等へのローリング移転を繰り返しつつ、工事音を嫌う音楽学科や放送学科等の教育現場への配慮・女子学生が多いのでパウダールーム形式の採用を提案・階段の一段の高さを緩やかに設計会社に依頼したりしたものである。加えて、芸術学部は「学生満足度調査」で窓口対応が最下位に近く、若手職員を中心にした「窓口業務改善プロジェクト」を創設して善処した（詳しくは、前掲「プロフェッショナル職員」pp. 145-146 参照）。

業務終了後、局長は「軍議」と称して、縄のれんで行ない胸襟を開いて学科からの要望等複雑多岐にわたる課題についても意見交換したものである。当時は「呑みニケーション」も職場の潤滑油として有用であった。

工事に伴う建築・電気・設備会社と各学科や近隣との調整、塀の存在しないキャンパスの実現、事務局の仮設プレハブへの移転も完了した頃、総長選挙が行なわれ常務理事であった田中英壽氏と N 氏等

との権力闘争の様相を示し、怪文書が飛び交い芸術学部の局長や私は田中陣営とみなされていた。営繕委員会には学部側説明者として局長と私が陪席したので、特別調査委員会から呼び出しを受け説明に赴いたりした。

　結局、総長選挙では田中陣営が推す小嶋教授が勝利し、内部抗争も終結した。しかし、総長選挙に当選した小嶋教授は田中常務理事に対して一定の距離を保たれ、依頼を受け田中常務理事から小嶋総長への誓約書を伝令として届けたことも丁度この頃であった。

再び本部へ（本部総務部次長へ）

　2005 年 9 月に第 11 代総長に小嶋教授が就任され、その年の 11 月に私は総務部次長に招請されることになった。

　当時は学校教育法の大幅な改正を受けて、准教授や助教に代表される「新教員組織」の規程整備、ここでも誰もやったことのない業務を担当することになった。理工学部教授から着任された高田副理事長が担当となり、打合せを周到に重ねながら、学校教育法の改正趣旨と文系・理系・医歯系・その他系と多岐に分かれる大学の状況を勘案しつつ、新しい教員規程の策定作業に取り組んだ。

　もともと学部ごとに教員の職位について独自の捉え方もあるので、規定は緩やかな制度設計にしておく必要があった。特に助手の位置付けと新しい「助教」については慎重に扱わざるを得なかった。助教は一期 3 年三期までとしたものの、9 年後に専任教員にするのか否か、学部によっては「専任講師」制度は是非残して欲しいという強い要望や「助手」の位置付けに温度差があり、高田副理事長の指示を受け、5 年ないし 10 年経ったら「教員規程の見直し」を行うという条件を付して全学部一斉に施行することが出来た。

学務部次長へ

　総長選挙を目前にしていた 2008 年 2 月、選挙絡みの色々な考え方があったのであろう。今度は本部内の「学務部」に異動することになった。私自身、事務職員であるから総長選挙に対して強い思い入れはなかったが、田中常務理事系と色分けされていたからかもしれない。学務部では FD 推進センターの業務を特命の小野事務長と新入職員の 3 名で行うことになった。「FD」自体が新しい考え方であり、日本大学としてどう本格的に取り組んでいくかという揺籃期であった。

　ここでも「新教員組織」と同様、FD に対して学部による温度差があったので、紋切り型ではない「緩やかな制度設計」を心掛けた。

　そうこうしているうちに、総長選挙が実施され田中常務理事が支持していた S 総長候補が当選することになった。ここでもすんなりと収まらず、田中常務理事と S 次期総長の間で、「次期理事長」を誰にするかで理事会において投票することになり、田中常務理事が理事長に選出されることになった。新布陣として人事骨格作りのため、2008 年 9 月、人事部次長に異動することになった。短期間のうち、本部内で「次長」を三箇所経験することは過去にも現在にも異例なことであった。

人事部次長へ

　新理事長体制構築のため、人員を一新する大幅な人事異動をするよう、田中理事長と人事担当常務理事・人事部長から指示を受け、特命から一週間以内に異動原案を作成することになり、作業は深夜に及ぶことになった。常任会（執行部会議）までに完成させつつ、人事部のその他の諸課題も解決しながら人事事務の遂行をしていた。

しばらくして、総務部長が定年退職され、私は 2009 年 5 月にその後任に着任することになった。私の後任の人事部次長には、FD 推進センター業務を共に携わった小野学務部事務長が着任した。

　人事部次長時代には日本私立大学連盟編「私立大学マネジメント第 22 章『大学運営の基盤整備　』」（2009 年 4 月）を執筆した。（この論考は前掲「プロフェッショナル職員」pp. 68-104 にブラッシュアップして納められている）。

総務部長、理事を拝命する

　学校法人日本大学の総務部長は、他の大学と若干様相を異にしている。本部の総務部としての業務の他に、全学部・付属高校・病院等、法人の全体を所掌する職務であって、他の大学の「法人事務局長」の仕事も行っているポジションといってよい。加えて、別法人の特別・準付属高校の契約協定事務も担当することになっている。しかし、総務部長は理事の「充て職」ではなく、本部の評議員 5 名のうちから「本部選出の理事」を選ぶシステムになっていて、運よく私は理事にも選ばれることになった。

　ある日、田中理事長から「自分のブレーン集団」を創りたいとの相談を受けた。これは当時の総長がつくられた「教学戦略会議」を念頭に入れてのことで、「経営戦略委員会」創設の提案とその人選を任され、委員長には中庭財務担当常務理事（前に既述した財務部長）に就任いただき、有為な人材を学務・財務・人事・管財・情報センター・学部・総務等から委員会に集めて、大学経営に係る諸課題を週一回のペースで開催することになった。

　この委員会には理事長も陪席として出席されることを慣例とし、重いテーマについては夏合宿を行い、論点整理と課題の解決策を策定したものである。時に、夏合宿の翌日は、理事長が合宿場所の別荘に大勢の学部長理事を招きシークレットの懇親会を催すこととな

った。委員会合宿解散後に一端帰宅し、学部長ご自身達に布団を敷かせるわけにもいかず、既述の小野氏（のちに学部事務局長）と一緒に「布団敷き」のため別荘に戻ったものである。新人時代以来、二度目の大量の布団敷きであった。

　委員長の中庭財務担当常務理事は、健全財政に戻すための施策を展開した。その中に、「役・教職員授業料免除制度」があり、役・教職員の子女の授業料を免除していたが、他の大学の廃止動向も勘案しながら廃止を決めた。この廃止は正解であったのか今でも疑問符はつくものの、事業活動収支差額と貸借対照表への理解が十分だったならば、廃止を見送った可能性も残る。社会からおかしいと言われないことはもちろん必要であるが、構成員のモチベーションを維持できるよう施策の重層的検証が必要であろう。

　田中理事長と経営戦略委員会には、関西に付属高校が存在しない状況を勘案して、K学園やS学園から提携の申し入れが相次いでいた。理事長からの特命としてK学園については、担当者が現地を見に行ったが、その立地で問題があった。S学園については、立地は問題ないものの、教育内容や財務状況に課題を残し、加えて不動産抵当権の権利関係の複雑さから、資金を融通しても回収されない危険性があることが分かり、上長に報連相の上、申し入れを辞退したことがあった。この他にも、ロースクール移転先の検証を行ったところ、設置基準を満たさない建物のため、学務部長と共に購入を断念する方向に説得した。時を前後して、中庭委員長が病に倒れてしまう。

　中庭委員長が推進していた理事長からの特命事項であった「ゴルフ場・スキー場への融資と購入案件」については、相手方との最終打合せ直前に、時間的切迫から、札幌から帰京された理事長への説明のため羽田空港まで出向いて委員と共に説得にあたった。また、既に購入手続が先行していた某研究所跡地であった町田校地の利活用につき、上長と相談しながら小学校は道路事情から不向きであっ

たので、学生寮に使途を変更したものである。当時、理事長には然るべく決断をしていただいたものである。

　そんな中、人事情報漏洩事件が発生する。出勤したら、広報部広報課員が飛んできて「人事情報が漏洩して、既に世間で炎上しています。」とのこと。その話を聞いた瞬間、私は人事部の案件とは言え、「総務部長辞任止むなし」と腹をくくったものである。そういう「いざ」という時の覚悟がないと総務部長は務まらないと思う。また、恰好つけて言わせてもらえば「組織のため良いものは良い、悪いものは悪い。」というのは、組織の屋台骨を支える総務部長の気概だと考えている。

　何故「人事情報」が漏洩したのか、その原因と事実関係の究明を急ぐ必要があった。特別調査委員会をつくり対応することになり、該当部署の協力や第三者の弁護士も加えて鋭意調査に取り組んだ。

　原因は、人事課員が自宅に人事課所管ファイルの USB を持ち帰り、自分のパソコンに取り込んだところ、ウィルスに汚染され、大学の人事情報も、世界中に拡散されてしまったという事案であった。俗に「炎上」してしまい、アクセス数がワースト 2 まで上昇してしまっていた。

　残業の後、委員会の主なメンバーと情報を含めて意見交換しているうち、このままでは「さらに大炎上して収拾がつかなくなる。今のうちに正確な情報を記者会見して謝罪し公開したほうが良い。」ということになり、翌日から海外出張する理事長の自宅まで有志で訪問、躊躇される理事長に了解いただき出発直前の記者会見に同席してもらうことになった。

　この炎上によって、過去の懲戒処分案件も世間に公になり、既に退職し自営していた元教員からは個人情報が漏洩したので休業損失を補填して欲しいという要請が届いた。さらに、膨大なデータが流失したものの速やかに事実関係も把握しなければならず、専門業者

への委託費用も含め、「個人情報漏洩対象保険」に加入していたので、助かったものである。

　また、当時、広報部長が着任したばかりのため、記者会見を総務部長が担当することになってしまった。大学の速やかな記者会見によって大炎上は免れ、瞬く間に終息化に向かうことができた。「早めに分かっている範囲での事実に基づく記者会見」の重要性を実感したものである。その後も総務部長として二度、記者会見に臨むことになり、事なきを得ている。

　別件では研究活動に伴う綱紀委員会での事実確認並びに人事給与委員会での審議にも総務部長として参画せざるを得なかった。

　さらに、捜査当局から、研究費の発注手続きを確認したいので協力願いたいとのことで、当初は総務課長に当局との打合せを担当してもらっていた。しかし捜査の本筋は違っていたようで、徐々に対象は広がり管財の発注手続きについての照会となった。ある日、「部長も同席して下さい」とのことで出向くと、捜査員から「管財関係の膨大な段ボール資料を警視庁まで持参するのは大変でしょう」と、本部会議室の借用と資料準備を依頼された。私は「分かりました。但し、上長の許可を得たいです。」と述べたところ、即座に「捜査関係資料の照会文書」を白紙から裏返して見せられた。上司の許可を得て、相応の対応をしたものである。

　総務部長時代には、大学基準協会から大学評価委員会・評価分科委員会（管理運営部門）を委嘱されることになった。短期間のうちに、他大学の外部評価用資料を読み込む必要があったものの、インパクトファクターや三様監査など異なる手法について、勉強することが出来、関西地方の三大学に赴き7年に一度の外部評価に携わった。この経験は、退職後、他の学校法人である芝浦工業大学の「外部評価委員会」の評価業務や、恵泉女学園の「内部監査室業務」の手法に役立つようになってくる。

芝浦工業大学の先進的事例については、村上雅人前学長・吉川倫子前学事部長時代から画期的かつ先進的事例を実施され、委員会のたびに私自身の勉強になっている。恵泉女学園の内部監査室の委託業務では、理事長等からの特命事項も随時あり、こちらも財務運営や教学マネジメントを含め私自身の勉強になっている。

　大学行政管理学会 JUAM 会長への打診もこの時期であった。JUAM 会長時代は学内外の多くの方々の協力を頂き、8 期からの懸案・課題事項を全て解決することができた。無事会長職を終えることが出来たのは、特に慶應義塾の高橋剛 JUAM 事務局長の功績に負うことが大きい。

　JUAM に関しては会長就任前の 2008 年に定期総会会場校の運営に携わった。前任の福岡大学からは山村昌次氏を筆頭に男女二名が来て、丁寧に引継ぎをしてくださった。次の会場校である立命館大学へは JUAM 事務局長等を担当された小野さん・辻本さん・吉野さんと私の 4 人で京都に出向き引継ぎを行なった。せっかく京都に来たのだから少し観光していこうということになり、翌日は伏見の酒造やお寺を拝観した。中でも伏見稲荷大社の何千本も奉納された鳥居の中に、私と同姓同名の方を見つけた時は、4 人で大変驚いた。2 日間の京都での引継ぎは初日から新幹線京都駅の自動改札機に帰りの切符を入れてしまうハプニングもあり、記憶に残る旅となった。

　2011 年 3 月 11 日の金曜日午後 2 時 46 分、3 時から始まる事務局長会議前のすき間時間を利用し、私は 7 階の営繕管財部で担当者と事務打合せ中であった。突然経験したことのない大きな揺れにみまわれた。会議を中止にするか役員と直ぐに相談したところ、会議開始時刻を遅らせることに決定した。

　混乱が想定される中、先ずは全部科校の学生・生徒・教職員等の安否確認と被害状況の把握（付属の病院や特別・準付属学校を含む）につとめた。帰宅困難者の受け入れ先として本部大講堂を即時開放したところ、NHK テレビの「千代田区内の帰宅困難者受け入れ先」

としていち早く報道された。区から預かっていた防災備蓄用品の提供だけでは不足が想定されたので、飲料水や食料品の速やかな購入を指示、部員の発案で避難場所には情報不足を補うため帰宅困難者向け掲示板を設置した。実にフットワークの良い、配慮が行き届いた総務部員達であった。見かねて本部内の食堂も「炊き出し」に協力を申し出てくれた。緊急時は即断即決が重要となってくるので、執行部から一任の許諾を得て対応した。

その頃、2 駅先の水道橋駅にある経済学部 7 号館では、JUAM の常務理事会が開催されていて、交通機関は全面運休、帰宅困難な何名かは大学本部の避難場所に徒歩でこられた。この未曽有の大地震はその後、「東日本大震災」と名付けられた。

研究推進部長・保健体育事務局特任局長へ異動

何人かの学部長から私に学部事務局長への就任要請もあったが田中理事長は承諾されず、私は総務部長から研究推進部長へ 2013 年 12 月転出することになった。おそらく、「諫言」したことが原因と思われる。「組織にとっておかしいものはおかしい」と言うことは既述したように職員、特に総務部長の気概だと私は今でも思っている。「おかしいことをおかしいと言える」ことは簡単にはいかないものの、せめて「おかしいと言える」教育環境を創っていくことが大学職員の責務ではないだろうか。皆が忖度ばかりしていたら、組織は間違った方向に向かってしまう。さらに、芸術学部の野田学部長は、事業部の自販機問題で田中理事長等に反対したこともあり、私は野田学部長グループに色分けされていたようだ。

懸念が的中したかのように、その後、母校は、アメフト部悪質タックル問題へのあり得ない対応と、今でも語り草の記者会見、事業部に起因する大学役員の逮捕や理事長の解任、その後のアメフト部員大麻事件と、ガバナンス欠如を第三者委員会から指摘されてしま

い、負の連鎖に突入していってしまう。ここでは詳述は避けること
にしたい。

研究推進部長へ

　日本大学では全学部の研究活動を支援しサポートする研究推進部
が本部にあり、各学部にある研究事務課も統括することになってい
る。以前は、「研究総合事務室」となっていたが、本部事務組織の
見直しの際に、「部」に昇格した。これによって、それまでの室長
から部長に役職発令され、「常務理事会」にも陪席ながら毎週出席
することになっている。「内局」「外局」という俗称も以前は存在
していて、「部」が付かない部署は「所詮、外局だから」という意
識も働いていた感もある。アメフト問題で注目を浴びた「保健体育
事務局」は外局という理解になる。

　「研究推進部」では知的財産の管理や、日本大学産官学連携知財
センター、いわゆる NUBIC (Nihon University Business Research and
Intellectual Property Center) 関連業務の事務も所管、週に一度の産官
学コーディネーターとの会議が行われ、はじめて聞くような言葉も
あり相応の学習もしなければならない領域であった。大学が持って
いるシーズの把握も重要課題であった。

　また、研究費の不正活動が発生しないよう防止活動も行う必要が
あった。さらに、女性研究者の活躍のためのシンポジウムの開催も
研究推進部の業務であり、男女共同参画社会実現に向けた研究者面
での取組みも行っていた（当時、女子学生の数も日本一であった）。

　日本大学には幾多の研究所があり代表的な「人口研究所」の他に
原子力研究所（現量子科学研究所）もある。当該研究所の現場を現
状把握のため、理工学部船橋校舎の研究所の実情を見に現地に赴き、
加速器の見学と併せて「地球エレベーター構想」実現に向けた実験
設備を見て興味をそそられたものである。

次は保健体育事務局特任局長へ

　これからいよいよ研究支援を本格的に取り組もうという矢先に、2014年10月、今度は体育事務局所管の八幡山総合体育館勤務となった。ここではパソコンは貸与されたものの、特に行う業務はなく、週一回のバレー部・ハンドボール部・チアリーディング部・歯科検診室等の活動報告書に確認印を押す作業のみであった。

　時間を無意味に過ごすことはもったいないので、個人的に師事している JUAM 元副会長の村上義紀先生に薦められたラシュドールの『大学の起源―ヨーロッパ中世大学史―』（上）・（中）・（下）横尾壮英訳、東洋館出版社（1966年）を読了することが出来た。この論考のポイントについては、【前掲「プロフェッショナル職員」pp. 16-43】において詳述している。体育館勤務時代には IDE への執筆を依頼され上杉道世氏を経由して大崎仁氏から、IDE 誌 No. 569（2015年4月号）「大学職員像を問う」のテーマの中で、「大学職員と人事」という格別に重要テーマの執筆を依頼された。同誌の『大学職員とこれからの人事部門』に掲載され、総括論考は前掲「プロフェッショナル職員」pp. 105-120 に『大学人事の文化と風土病からの脱出』として収められている。

体育館勤務から稲城グランド勤務へ

　パソコンの付与があった体育館勤務は、それでもありがたい環境であった。というのも、2016年7月に保健体育事務局の稲城総合グランドに勤務替えになった。稲城グランドの管理室にはパソコンも事務作業も無かった。グランドにはサッカーとラグビーの各フィールドと更衣室が配置されていて、主に巡回が仕事であった。余った時間は当然業務もなく、一日の仕事は、出退勤記録を打刻するのみ、私物のスマホを持参し、辛うじてインターネット環境を利用してい

た。巡回以外は読書に勤しみ、今まで読むことができなかった大学関連の書籍を中心に読むことができた。読むということは書くことに繋がるようで、私物のノートパソコンを持参して可能な限り執筆活動を続けていた。

　仕事一辺倒で、読書の出来なかった私に与えられた至福の時間といえるだろう。サラリーマンたるもの、嫌気を差さず、それはそれで楽しいものである。グランドには更衣室やトイレもあり、その清掃作業を業務委託していた企業のアルバイトの方々とは、私が定年退職した今でも懇意にさせてもらっている。民間企業を経験された方や一人親方だった方もいて、異業種交流ではないけれど、ものごとの考え方や捉え方について学ぶことも多々あった。グランドでの雪掻きや地面に落ちた毛虫の除去を一緒にしたことは懐かしい想い出である。

　JUAM 事務局長からの要請で文部科学省委託の『教職協働』先進的事例調査協力者委員会の活動に携わったのもこの頃であった。山本眞一先生や両角亜希子先生も同じメンバーであった。ここでも職員として全国の先進的大学について調査し、「教職協働」についての勉強を深めたものである。

　ところで、全国の大学は、学生対応・書類や文書処理は共通した点が多く、前年と同様の前例踏襲方式が主流ではないだろうか。財政的な余力があるうちはそれでよいが、財政破綻の現実に突き当たった場合は、DX や生成 AI の影響を最も受けやすい領域が大学事務であろう。その点、首都圏以外の規模の小さい大学のほうが、生き残りをかけていろいろな新規試みを展開しているようにみられる。教職協働も然りであろう。

　「十年一日」の如く、事務処理をしていても何とかなる時は良いが、そうでは無くなったとき、大学は危急存亡の危機を迎えることになる。前掲の「プロフェッショナル職員への道しるべ」にヒントとして記したが、大学職員は業務を「他人事」ではなく、「自分事」

化しておくことが必要である。このことは自分のお財布と「学園」
のお財布も同じだということを示している。

定年、そしてウニベルシタス研究所を開設

　日本大学は満 65 歳の誕生日の前日が定年日と定められているの
で、2019 年 2 月に定年を迎えた。悠々自適な読書と執筆、研究会や
公開シンポジウムへの参加を試みていた。退職し困ったことは、シ
ンポジウムに申し込む際に本務先を記入しなければならないことで
ある。多くのネット上の申込欄では本務先が必須になっていて、あ
るシンポに「本務先なし」と記入したら受け付けてもらえなかった
ケースもあった。致し方ないので、「ウニベルシタス研究所（ウニ
研）」という組織を個人として立ち上げてそこを本務先として活用
している。

　この研究所には数名の有識者に研究員【ウニベルシタス研究所の
公式 HP 参照】として格別の協力をいただき、特に神奈川工科大学・
寺尾謙氏には全面的な協力をいただき、どうにか恰好のつく研究所
活動を継続しているところである。寺尾氏は大学事務組織研究会の
立ち上げ時からの知己であり、学校法人東北学院の理事・法人事務
局長も務めた、今は亡き初代斎藤英夫サブリーダーと共に、「大学
事務組織研究」の有志 7 名のお一人である。この論稿もウニベルシ
タス研究所関連の位置付けとなっている。

　ウニ研は「文部科学教育通信」・「教育学術新聞」・「飛翔舎」
ともタイアップさせていただいている。ここでも感謝あるのみであ
る。

おわりに

　生を受けて70年、最近は「ハカセ」な生き方を心掛けている。「反省」・「感謝」・「誠実」の頭文字である。残りの人生はどのくらいか分からないが、この「ハカセ」な生き方を座右の銘として生きたいものである。当然、今までお世話になった、師匠・両親・家族・友人・上司・先輩・同輩・後輩・大勢の方に感謝しなければなるまい。

　職員は「置かれた場所で咲きなさい」ではないが、配属された場所でベストを尽くしたほうが良いと思う。「禍福は糾える縄の如し」とも言われている。ある意味で、唯唯諾諾と忖度して過ごす方法もあったろう。しかし私はその道を選ばなかった。というよりも、不器用なものでその道を選べなかった。一つだけ言って良いならば、判断に迷ったときは、自分が信じた正しいと思う道を進むことを勧める。その際には、忖度も損得も不要である。

　参考にならないとも思うものの、別面、職員の「矜持」として言えることは、「給料分働こう」ということではなかろうか。もちろんこれは大学職員にのみ言えることではない。「はたらく」とは、「はたを楽させる」とも昔から言われている。比較的、大学職員の仕事は他の職種・業種に比べて労苦が少ない上に、給与が高いと言ってよいと思う。しかし、大学に職員として勤める意味があるはずである。

　民間企業のように「営業成績をあげよ」という重圧はない反面、有形無形の目に見えない組織風土やしがらみ・慣習からの圧力もあるので、それに耐える精神力と体力が必要である。卓越したバランス感覚の中、「心が折れない範囲」で、大学職員になった以上、給料分以上は働きたいものである。そこにはじめて「矜持」らしきものが見えてくるのではないだろうか。

大工原 孝（だいくはら たかし）

1954 年生まれ
1976 年 3 月 日本大学法学部法律学科　卒業
1978 年 3 月 日本大学大学院法学研究科博士前期課程私法学専攻
　　　　修了　法学修士
1978 年 4 月に学校法人日本大学に採用される。その後、芸術学部庶務課、本部総務部総務課などを経て、1997 年に秘書課長、1999 年人事課長、2002 年芸術学部事務長、2006 年評議員、2009 年に総務部長となり、2011 年 9 月に学校法人日本大学の理事となる。2019 年 2 月に定年退職
ウニベルシタス研究所　所長（2019 年 5 月から現在）
恵泉女学園　内部監査室主査（2020 年 3 月から）
一般社団法人大学行政管理学会　会長（2011 年から 2013 年まで）
著書に『プロフェッショナル職員への道しるべ―事務組織・人事・総務からみえる大学の現在・過去・未来―』（2023 年 5 月　飛翔舎刊）

日本大学

　東京都千代田区に本部を置く。1889 年の創立で、1920 年に大学を設置している。16 学部、大学院 20 研究科からなり学生数 70000 人の総合大学である。日本一の学生数を誇る。日本大学の前身である日本法律学校の創立目的は、「日本の法律は新旧問わず学ぶ」「海外の法律を参考として長所を取り入れる」「日本法学という学問を提唱する」であった。その後、医学部、歯学部、理工学部など多くの学問分野を網羅する日本一大きな大学となり、現在の目的理念は「自主創造」である。

時代の変化に伴走して －ダイバーシティへの45年－

種田　奈美枝

はじめに

　2024年3月29日、私は学校法人修道学園林正夫理事長から退職辞令を受け取った。1979年4月の広島修道大学総務課から始まり、学校法人修道学園監査室を最後に 45 年間にわたる専任職員としての勤務を終えた。

　私自身の大学職員としての経験や考えを書き残したところで、関心を持つ人がいるだろうか、そもそも私に何が伝えられるだろうか。執筆依頼を受けてしばらく自問した。今も甚だ自信はない。ただ、地方の私立大学に育休のない時代に入職し定年退職に至る女性職員の歩んだ道をつづることによって、これから大学職員として新たなキャリアを築かれる方々のなにがしかのヒントになればと思い、お引き受けした。拙文が大学にスタッフとして集う人たちへのささやかなエールになれば幸いである。

いずれ家庭に入り夫を支え子を育てるはずだった

　私は東京タワーが竣工した1958年、広島県賀茂郡（現在の東広島市）志和町に生まれた。稲作が盛んな小さな盆地で私の家も兼業農家だった。曾祖母を含め7人家族、田園風景が広がり家の前を流れる小川にはサワガニがたくさん生息していた。田植の時期は水不足

に悩まされる年が少なくなかったが、2018年の西日本豪雨では、実家の床上まで土砂が流れ込む災害に見舞われた。

　ホタルの里としても有名で、今では大好きな志和の里だが、若い頃は田舎の風情と地味で不便なところが嫌でたまらなかった。街への憧れが強く、志和中学校から広島市立基町高校に進学した。遠いのは覚悟のうえ、自転車、バス、JR、徒歩で片道1時間半をかけて通った。もちろん部活はできない。冬は朝星、夜星、雪の中家を出発しても学校に着くと長靴は私一人だけだった。それ以来冬はロッカーにスニーカーを常備した。

　進学は地元の国立大学を目指したが結果は不合格だった。私大には何校か合格したが、高3の担任から「女子は四大に行くと就職に苦労する、私立は学費も高い。就職実績のよい地元の短大に行く方が親孝行」と言われ、素直に従った。当時大卒22歳の女性はすでに結婚適齢期を迎え、すぐに寿退職となる。しかも大卒の女は小生意気で扱いにくいといった社会的な風潮があったと思われる。事実四大に進んだ友人は「行きたい会社は募集があっても男子限定、女子の募集はない」と嘆いていた。結局この友人は公務員になった。

　1981年に女子差別撤廃条約が発効され、日本で男女雇用機会均等法が施行されたのが1985年。それ以前は労働条件における男女平等の定めはなく、社会や家庭での男女の役割分担は明確だった。中学で男子は「技術」、女子は「家庭科」を習い、高校の「家庭科」も女子だけの授業だった。男女共同参画白書によると1977年、大学進学率は男子39.6％、女子12.6％であり、女子の短大進学率は20.7％だった。私の短大進学は「女性はいずれ家庭に入り、夫を支え、子を育てる」という当時の日本社会ではごく当たり前の考えに支えられた選択だった。

女子短大生としての就職活動

　短大の2年間は文字通り短い。就職活動も2年の秋口に始まる短期戦、いまどきの就職活動とは別物である。具体的には、就職担当の教員が学生に個別に会社を紹介し推薦してくれる、いわゆるはめ込み方式、何を基準に会社の紹介があったのかはよくわからない。しかし母校は、当時成長目まぐるしい大手企業から厚い信頼を受けており、言われる通りに受けていれば内定がでるといわれていた。

　広島支店に採用され、就職しても2～3年で寿退社になるから、空きがでれば補充され採用の回転がよかったのだろう。私もそのレールに乗る予定だったが、推薦をもらった金融機関から内定をもらうことはできなかった。面接で「お父さんの職業は何か、勤務先はどこか」と聞かれ、会社名を伝えると面接官の顔がくもり、「聞いたことのない会社ですが自営ですか」と問われた。「いいえ、その会社でトラックの運転手をしています」と答えると面接官が顔を見合わせ始めたので、私も不快な気持ちが顔にでた。その後のやり取りは記憶にないが、落ちたと確信した。ちなみに、今では許されない質問も当時はお構いなしだった。特に女性に対してよくあった質問が「結婚しても仕事を続けたいか」だった。「出産しても」は質問の前提とすらなり得ない時代だった。

　やはり落ちた。「就職に有利」というから短大にしたのに話が違う。友人たちは次々に優良企業から内定をもらい、ボーナスが12か月分などと歓喜していた。秋が深まる頃にまだ進路が決まっていないのは、国内四大への編入組や海外への留学組を除くと私ぐらいだった。「年内には何とか決めたい」、そう思っていたところに修道学園（広島修道大学）事務職員の募集があった。「推薦ではないから受けたければ受けてもよい、この先は求人もほとんどない」と言われた。ローカルな話で恐縮だが、広島市中心部の紙屋町か八丁堀で働くOLになると思っていた私は、山を越えた市西北部にキャンパスがある

修道学園は一旦スルーした。しかし、求人の掲示が撤去され先生も部屋からいなくなったので、あわてて履歴書を書いて郵送した。

今の学生と違って試験のための準備はなにもしなかった。そのうえ、試験当日はひどい乗り物酔いになった。西広島駅から大学に向かう己斐峠はカーブの連続する細い道で、そこをスクールバスが結構なスピードで越えていく。1 次の筆記試験も面接もほぼ記憶に残っていない。フラフラだった。志願者も多くまた落ちたと思うと、さすがにショックだった。しかしなぜか 2 次試験の案内が届いた。今度は安全性を優先し遠回りだが別ルートのスクールバスを使った。個人面接では時事ネタだったのか、江川卓選手のドラフト、いわゆる空白の一日問題で盛り上がった。カープ愛が評価されたかどうかはわからないが、年末ぎりぎりに内定通知が届き、両親は「いいお正月が迎えられる」と喜んでくれた。

勤務先が修道学園だと話すと友人たちは「一体どんな仕事をするのか。大丈夫か」と心配してくれた。私自身、あの峠を毎日スクールバスで通うのは辛いと思ったし、街中の OL でなく山間にある大学の職員になることは、決して満足できる就職ではなかった。こんな心境の中、1979 年の春、私は 20 歳で学校法人修道学園の採用辞令を手にした。まさか 45 年もお世話になるとは思ってもみなかった。

新米事務職員のお仕事

広島修道大学（以下「本学」）のキャンパスは当時、総合移転後5年が経っており、商・人文・法の 3 学部を擁していた。この年の新入職員は私を含めて 8 名、事務系のほとんどは本学の出身、短大卒は私だけで、その後は次第に四大に限定され短大は応募資格から外されていった。

私の配属は総務課、当時は総務係と人事係があった。電話交換室のオペレータや研究棟の受付担当、学長車の運転手もおられ、学内では専任職員 20 名の大きな部署だった。大学職員となった私の初日の仕事は、係長が下書きした入学式の学長告示の清書だった。癖のある字を判読するのに苦労した。

　総務課では、郵便の仕分け、文書の受発、旅費計算、スクールバスの業務を担当した。その傍らで、会議や来客があれば湯茶の接待をするのが総務課女性新人職員の仕事だった。事務局職員約 40 名へのお茶出し、3 時にはおやつを配って回った。「お疲れ様です」と声をかければコミュニケーションにもなっていた。ただ、朝一の事務局内のごみ集め、机の上にある灰皿の吸い殻を集めて回るのはさすがに抵抗があった。男性職員の多くが喫煙者で、煙の立ち込める事務室で働いた。女性が担っていたこれら雑務は、その後本学では急速に見直されることになった。

　新しい環境に慣れてくると、自分に与えられたデスクワークを遂行している分には十分すぎる時間的余裕がでてきた。一言でいえば暇だった。行事式典、学内重要会議の準備、予算策定や決算、補助金の仕事も総務係の仕事だったが、困難な業務は暗黙の了解で男性職員が担当していた。定時になったら女性は帰宅し、男性は夜遅くまで残業していた。36 協定はなかったので残業時間の制限はなく、相当の時間数になっていたのではないかと思う。

　入職 4 年の頃だったか、思い切って課長に業務分担について話をしてみたが、仕事の担当が変わることはなかった。後に財務課に配置替になって改めて、あの時予算や補助金、財政の仕事に少しでも関わっていたらと、残念な気持ちになった。

　さて、総務課に限らず女性職員は、結婚、出産を機に退職される方が少なくなかった。育児休業はなかったので、出産後は 8 週間で職場復帰が待っていた。それでも仕事を続ける女性職員が少しずつ

増えていたことには、教育機関だからか、比較的働きやすかったのか、周囲の理解が進んでいたのか、いくつか理由はあったのだろう。

　休憩時間に搾乳した母乳を冷凍して持ち帰る先輩職員もおられたが、乳腺炎を患うなど大変な苦労をされていた。生後8週間、首もすわらない時期から保育園に預けるなど考えただけでも心が痛い。しかし、時間中は毅然として仕事に向き合っておられ、働く女性のロールモデルといえる方が比較的身近に複数おられたことは、その頃の社会では珍しいことだった。

出産・育児と仕事、上司からの薫陶

　私は運がよかった。1985年4月に第一子を出産したが、この年の1月に育児休業に関する規程が学内で整備された。事務系としては先駆け導入された制度で、教員以外の事例は全国でもほとんどなかった。学内における人権に対する意識の高まりや、当時の教職員労働組合、人事担当職員の努力が早期導入の背景にあったと心から感謝している。育児休業給付金などはありもしなかったが、休めるだけ、それだけでありがたかった。

　私は学内二人目の育休利用者で、周囲への遠慮から半年間だけ休ませてもらった。育休を歓迎されない方も中にはあり、1年も休まれるとその間仕事はどうなるのか、といった心配が当然あったと思われる。休暇中の人員補充などは未整備で、現員でカバーした。それだけ仕事に余裕があったのかもしれない。今では考えられない。復帰にあたっては定員の少ない0歳児の保育園探しに苦労したが何とか見つかって、子育てしながらの職員生活が始まった。私はいわゆる職場結婚で、夫も同期入職の職員だった。互いの親もそう遠くないところに住んでいたので、何かあったときの支援は得られる恵まれた環境で仕事ができた。総務課には産休、育休含め7年間在籍

し、その後企画広報課に異動した。始めは学長秘書として、そのうち広報の仕事も担当するようになっていた。

　大多和義課長には改めて大学の主役は学生であり、学生支援の大切さや職員の心構え、広報のノウハウ、取材や原稿書きの基本を教えてもらった。一緒によく学内を歩いて広報誌「TRUTH」のネタを探した。「キャンパスの野草」というシリーズを学内広報誌で展開したこともある。西村明未さんが野草の絵を描き、そこに加利川友子さんが短歌を添え、私が簡単な紹介文を書きしるした。のちに絵葉書にもなり、私の中では忘れられない思い出だ。課長は学生や大学に対して熱い思いを持たれた方で、一緒に仕事をしていると私も元気が出た。「やらせてみて、ほめて育てる」を実践されていた。

　そうこうしているうち第二子の出産を迎え、1987年の夏には再び産休に入った。前回の育休とは違い2回目は、家事と子供たちの世話で1日が早かった。この時も育休は半年ほどで復帰した。不謹慎かもしれないが育児疲れもあり、朝保育園に子供を預け出勤すると、ある意味ホッとした。家にいる時間より仕事の方が落ち着いた。

　しかし、仕事には当然締め切りがあり、厳しい時間制限の中で日々の業務管理には人一倍気を遣った。延長保育はなく5時半までのお迎えは必須だった。保育園からの緊急連絡は事務室の電話にくる。外線電話のコール音がする度に身構えた日もあった。「保育園からです」と言われると、何をしていようが仕事を切り上げて迎えに行った。子供の体調なので大体の予測はつくものの、このお迎えコールは何より怖かった。

　後になって気づいたのだが、このような状況で身につけたものもあった。段取り力と集中力である。仕事の優先順位付け、要点の把握、思い切ったスクラップもそうだ。思い切り過ぎて上司に怒られたこともあるが、今となっては笑い話だ。仕事も家事も育児もひとりでこなしていたわけではないから、困った時は周囲の人に理解してもらい、助けてもらうこともひとつの大事な能力だと思えるよう

になった。ライフステージや体調にもよって、ひとは助けられたり助けたり、結局はお互い様じゃないかと自分に都合よく考えられるようになった。多くの方の支援を受けながら家事や子育てと仕事の両立に懸命だった。

小１の壁で退職を考える

　さて、企画広報課の仕事にも慣れてきたこの頃のライフイベントとして書き残しておきたいのがいわゆる「小１の壁」である。当時そのような言葉はなかったと思うが、第一子が保育園から小学校にあがって１学期は心配が尽きなかった。こう見えて、生来ネガティブで心配性なのは自覚しているところだ。毎日車で送り迎えをしていた生活が一変し、子供は歩いてひとりで小学校に行く。団地の道路は見通しが悪く、いつ角から車が出てくるかわからない。家を出る時間も早くなり、教科書やノートが詰まった重いランドセルを背負い、４月のうちは弁当と水筒、体操服や上履き、とても６歳の子供にひとりで持たせる重さではない。

　保育園にはあんなに同級生がいたのに、放課後「留守家庭子供会」と呼んでいた学童保育の世話になる１年生は数名だった。今では学校の正門を通過したことを知らせるセンサーなどもあるようだが、当時はそんなものもない。学童から帰ってくるのが遅く、途中まで迎えに行ったことも１回や２回ではない。重そうに荷物を引きずりながら家を出る子の後姿を見送ると涙がでた。

　それまで大学では、後に訴訟に発展する大きな問題を抱えており、教職員も無関係ではいられなかった。職場と子育てのふたつの大きな問題に直面し、私は最大のピンチを迎えていた。孤独で不安な状況が続き、仕事を続けるかどうか悩んだ。一時期は体重が５キロ落ちて、慢性的な腰痛にも悩まされるようになった。上司に相談する

と「時間が解決してくれることを期待してもう少し待ってみては」と言われた。

　私はなんのために働いているのかと自問しながら、長く感じられる日が続いていた。しかし、親も子も新しい生活に少しずつ慣れ、学内における問題は内部告発により理事会の判断下に置かれ、その後は司法に委ねられていった。下書きした「退職願」に日付を入れることはしなかった。

あこがれていた国際交流の仕事

　1990 年からは、国際交流業務に精通した大津章係長の下で仕事をしていた。本学における国際交流は 1982 年に国際交流委員会が設置され、客員教授の招へいや海外への学生派遣・受入に取り組んでいた。国際化を急速に進めており、海外からの研究生を無償で受け入れていた。

　そんなとき富士吉田であった JAFSA[17]の研修会で、慶應義塾大学の職員に声をかけられた。「留学生受入れのポリシーは何か。大学にとってのメリットはあるのか。無償にして数だけ増やしても意味はない。」とバッサリ。なぜ広島の小さな大学の事情をご存じなのか不思議だった。きちんと説明もできずその場は終えた。後にこの方が日本を代表する著名な職員であり大学行政管理学会 (JUAM) の創設者である孫福弘氏であることを知ったときは心が震えた。

　国際交流の仕事は私の大きな転機となった。好きな英語を実務に生かせることがモチベーションにつながった。一見華やかな仕事に思えたが、実際はトラブルも多く対応には苦労が絶えなかった。だからこそ、学ぶことは多かった。

---

[17] JAFSA は「国際教育交流協議会」のことで、300 以上の大学、教育機関、企業が会員となっている。英語名は、Japan Network for International Education である。

国際交流の仕事をしていたのはもう 30 年も前になるが、先日も当時の留学生が仕事で来日し、一緒に食事をする機会があった。上海でのビジネスを誇らしく話してくれた。世界で活躍する留学生は大学の財産であり誇りでもある。このような交流が続くことは職員冥利に尽きる。

欧米にある協定校のカリキュラムや履修システムは当時でも大変わかりやすいシステムだった。ナンバリングを見れば科目の内容や難易度がわかった。受講条件や科目の目標、成績評価基準などが明記されたシラバス、初めてみる私でも理解しやすかった。

他方、本学のカリキュラムを協定校の担当者に理解してもらうのは容易ではなかった。日本語で書かれた資料、科目の内容、難易度、成績評価基準も科目ごとにばらつきが大きく、曖昧なものも多かった。学生交流のためにはこれらのギャップを埋めることが大きな課題だった。

海外セミナーの学生引率でニュージーランドクライストチャーチに出張したことも、私自身が成長できたイベントのひとつだった。50 名もの学生がいたので、体調不良、ホームステイ先とのトラブルなど引率者としての対応も忙しかった。しかし、学生自身が言葉や文化の壁を乗り越えて成長していく姿を現地にいて肌で感じられたことが、私のその後の仕事の糧になった。学生からお礼にもらった白いお皿は今でも大事に使っている。

電子メールに出会う

海外協定校とのやり取りは、学内に数台しかなかったファクシミリを使っていた。機器の不具合はいつものことだったが、電話とエアメールしか使えなかった時に比べると随分便利になったと大津さんから聞いていた。

そんなある日、情報システムを専門にしておられる廣光清次郎先生が事務室に来られ、電子メールなるものの使い方を教えてくださった。おそらく学内で電子メールを仕事に利用した職員は私が最初だったと思う。記憶は曖昧だが、汎用コンピュータを使い、UNIX にログインして利用した気がする。

　もちろん今のような便利なアプリはない。初めてオーストラリアのウーロンゴン大学にメッセージを送ると、数時間後には担当者からの返信が届いた。これからの事務仕事の急速な変革に、職員はしっかり備える必要があると思った瞬間だった。英数文字しか使えなかったが、欧米の協定校とのやり取り、在外研究中の教員とはローマ字打ちの日本語で通信ができるようになり、業務の利便性は格段にあがった。1993 ~ 1994 年頃だったと思う。

　ちなみに事務の電算化としては、1983 年から学籍管理システムが稼働、その後履修・成績システムへと広がっていった。私の入職時は公文書を作成するには和文・英文タイプライターを使っていた。よくバグっていたワードプロセッサーの導入が 1985 年頃、その後汎用コンピュータが導入され、課に 1 台のデスクトップパソコン、職員ひとりに 1 台のノートパソコンが配布されたのは 1997 年前後であった。

日本私立大学連盟職員総合研修での出会い

　1995 年、日本私立大学連盟（以下、「私大連」）の職員総合研修（応用課程）の参加希望者を学内で募っていた。韓国の大学視察が盛り込まれた研修に興味がわき、子供達はまだ小さかったが、思い切って申し込むことにした。学内の応募者は多くなかったと思われ、この研修に参加することになった。豊橋での 2 回の事前研修を経て、韓国ソウル大学、延世大学、高麗大学の視察や日韓教職員の意見交換などが現地で行われた。韓国の図書館はどこも学生で溢れかえり、

競うように TOEFL や TOEIC の資格試験の勉強をしている姿が印象的だった。私は、「留学生交流にみる国際化の現状と日韓学生交流」という論考を仕上げて研修の成果とした。

私大連の団長は早稲田大学の村上義紀氏であった。そしてたまたま研修で同じグループになったのが国際基督教大学の円谷恵さん、私と同年齢、子供もふたりで当時の配属先も国際交流と共通点が多かった。研修の度同室となりよく話をした。彼女の仕事に対する姿勢や責任感、大学や学生を思う気持ち、なにより語学や論理的思考力をはじめとした能力の高さに私は圧倒された。大学職員としての世界が広がり、私もしっかり目標をもって仕事に取り組もうという気持ちになった。

研修のファイナルレポートに私は次のように書き残している。

「女性の参加が少なく残念でした。67 人中 6 人、30 代半ばの働く女性がこのような研修に参加するのはまだまだ多くのハードルがあるのでしょうか。（中略）大学職員を対象とした能力開発研修が盛んに行われています。新時代の大学を担う人材をどう育てていくかに大学の将来は左右されます。（中略）30 代も半ばを過ぎ、背中を見る側から見られる側になれば、それなりの自覚が必要です」。

そして最後に「大学に 40 歳代の若い学長が誕生することと大学改革への期待」を述べている。この若い学長が、通算 14 年の任期を全うされた市川太一元学長である。

大学の要 －教務課への異動－

教務課へ異動になったのは 38 歳の時だった。国際交流の仕事を通して大学の根幹は「教学」だと思うようになった。授業、履修、成績、卒業要件、教授会…、この先も大学職員としてやっていくなら教学事項はきちんと理解しておく必要がある。職員生活を通して

ずっとお世話になった市川学長からもそのような助言をいただき、自ら教務課への異動を希望した。

　大学は3学部から4学部に拡大したところだった。教務課では最も歴史のある商学部の担当になり、教授会や研究科委員会の書記として会議に参加した。教授会は不思議な空間だった。昔話が始まると議事に関係なくても延々と話が続いた。そうかと思えば、理路整然とした議論が白熱することもしばしばであった。会議の他には、教員の持ちコマ管理、カリキュラム改革、インターンシップの導入、教学システムの導入にも関わった。学生交流を通して海外の大学のカリキュラム体系に関する知識があったことがここでは役に立った。

　教務課に異動になって一番の変化は学生対応が増えたことで、履修登録の時期は一日中カウンターに立っていることも当たり前だった。あわせて教員との協働が増えていった。国際交流でも教員とのやり取りは頻繁に行っていたが、それは国際交流に造詣の深い限られた教員であった。教務課では学部所属の教員全員への対応が求められる。職員の言うことに反発して「そんなことは事務がやればいい」という先生もいた。ちなみに職員のことを「事務」と呼ぶ人はさすがにいなくなったが、これはある種の侮蔑語ではないかと入職時から思っている。「事務方」という呼ばれ方も好きではない。しかしそれはそれで受け入れながら、基本笑顔で仕事をしていた。

　抜本的なカリキュラム改定の検討が始まり、学部教授会書記としてワーキングに参加させてもらった。そこでは教員の学生や教育に対する熱意が、私の想像以上に高いことに感動した。このような機会に参加させてもらったからには、何かしらの貢献をと思い、なるべく発言できるように他大学の事例を調べたり、社会で求められる力を調べたりして、自分なりに勉強して会議に臨んだ。教員と同じ目線に立つとあまり意味がないので、職員として日頃からカウンターなどで対応する学生の現状や、教務課で日常的に目にしていた履修者の多い科目と成績の関連性などを分析してみたりもした。その

ような過程を経ながら少しずつ、教員との相互理解や信頼関係が築かれていく実感があった。

インターンシップ制度の創設

インターンシップ導入の検討が始まったのもちょうどその頃で、検討委員会のメンバーのひとりとしても加えてもらった。ここでも他のメンバーはみな教員だったが、科目の設置、受入企業の開拓、協定書の締結、履修者の募集など教務課として対応すべき業務も多かった。この仕事も目新しくておもしろかった。受入側の担当者には卒業生もあり、後輩のために受け入れ準備を整えてくれた。1999年の夏には17の企業や団体に48名の学生を送ることができた。10月には報告会が行われ150名が参加している。この制度の導入も広島地区では他に先駆けたもので、先進事例として紹介されることもあった。

入職後20年、40歳で係長に昇任した。短大出身、産休・育休の取得、人事考課、もろもろ影響したと思われ昇任は遅かった。1970年代は大学の規模拡大に伴い、熱心に職員の採用を行っており、歳の近い私の先輩は大勢いた。しかし、私が入職してからは採用数が漸減し、1990年代になると採用がない年も珍しくなかった。こうして職員の年齢構成は次第にいびつになっていった。2000年代にはワイングラスのような年齢構成となり、定年退職者を大量に送り出す時期になると仕事の承継が難しくなり、その後はキャリア採用などで数の少ない世代を埋めながら、現在に至っている。

これらの要因が影響し、本来なら経験年数相応の難易度の仕事を担当しながら職員として成長していくはずのところが、長期間同じような事務仕事が続くこともあり、特に私のひと世代後の職員は、40歳を過ぎてもバリバリの若手職員扱いだった。職員の能力開発、とりわけOJTによる育成が重要であることはいうまでもない。年功

序列を支持するものでは決してないが、ある程度バランスのとれた年齢構成は、事務組織の活性化、職員の成長においては必要な要素のひとつなのかもしれない。

就職部からキャリアセンターへ

2003 年、ふたりの子供たちは高校生となり、第一子は大学受験の年を迎えていた。就職氷河期が明け始めようとしていたこの年、私は就職課に異動になった。就職課も学生支援の在り方が大きく変わろうとしている時期だった。伝統的な就職課職員の仕事は、企業を回っての求人開拓、就職ガイダンスの開催、学生への企業紹介、履歴書の添削などであった。しかし、状況は様変わりしていた。

リクナビ、マイナビなど就職支援サイトが急成長し、大学生の就職活動を変革させた。就職希望先の企業に何枚も資料請求のハガキを送っていた時代と比べ利便性は格段と高まったが、その分スピード感が求められるようになった。あわせて自己分析、業界研究、企業研究、職種研究、適性検査、エントリーシート、合同企業セミナー、面接、集団討論、これらのメニューを一通り理解し自分なりにこなしていくのが就職活動の王道となっていた。希望の就職先から内定を得るまでのプロセスには多くの困難が待ち受けている。就職活動は早期化、長期化といわれ、3 年生になるとすぐにガイダンスが始まり、学生によっては卒業間際まで就職活動が続くこともあった。

学生の就職活動が変化し、企業が学生に求める「社会人基礎力」などがこの頃話題になり、就職課の役割も見直す時期が来ていた。就職支援を軸にしていた「就職部」から、入学から卒業、その前後も含めた学生のキャリア支援を目指して、「キャリアセンター」へと改称したのが 2007 年であった。学内外にキャリアという言葉が溢

れるようになり、キャリアアドバイザーの採用、キャリア支援講座、キャリア教育科目の設置などに取り組んだ。

　ちなみに私は 2005 年にキャリアカウンセラーの資格 (CDA) を取得した。傾聴や感情の受け止めがうまくできず、修正しながら 4 回目でやっと 2 次の実技試験に合格できた。2 次試験を通して私はカウンセラーへの適性が低いことを悟った。見方を変えれば、自分を知る意味でよい経験となった。この資格の取得を機に、自身のキャリアの棚卸を行い、その後の職員としての在り方についてじっくり考えるようになった。

初年次教育科目で授業を担当

　2005 年には学習支援センターが設置され、初年次教育のコーディネートをしていた。新設された初年次科目でいくつかの部署が授業のひとコマを担当することとなり、当時の亀崎澄夫学習支援センター長からこの依頼を受けた。「部局案内なら入学時のオリエンテーションですればよい」、「そもそも職員が授業をしてよいのか」など学内では反対意見も多かった。しかし、職員が授業のひとこまを受け持つことは全国的にも珍しく、私は是非やりたいと思った。就職支援をしながら 1 年生に伝えたいこともたくさんあったので、亀崎先生の力を借りてチャレンジした。

　担当が決まってからは、授業の準備に取り掛かった。「キャリアナビ」という 1 年生に配布する冊子を新たに制作し、以前から実施していたベネッセの「自己発見レポート」を活用したワークを取り入れ、各 2 コマの授業を 5 学部担当した。学生の評判はまずまずだったが、授業を受け持つのは予想以上に大変だった。90 分の長い授業をいかに組み立てるか、学生の集中力をいかにして維持するか、先生方の苦労が身にしみた。教える立場だと体調が悪くても簡単に授

86

業は休めない。これを 15 コマ毎週受け持つ教員をこのとき改めてリスペクトした。

　キャリアセンターは学生との距離が近い。サークル活動、奨学金の受給状況、取得単位、保護者の意向まで、話は多岐に及ぶ。内定を得て報告に来た学生とはともに涙で喜ぶこともあった。晴れ姿の学生を見送ることのできる卒業式の感動はいつにも増して大きかった。私がキャリアセンターにいた頃社会に出ていった学生は 40 歳前後の年齢になった。たまたま近くを通ったからと大学を訪ねて来る卒業生もあり、「お互いに年を取ったね」と言いながらおしゃべりするのも楽しいひと時である。

　さて、47 歳のとき大きなライフイベントに見舞われた。人間ドックの受診がきっかけで子宮体がんの診断を受けた。早期発見とはいえショックは大きかった。1 か月の休暇をもらって手術を受け療養した。家族にも心配をかけたし、不安に押しつぶされそうな日々を過ごした。幸いにも術後の経過は良好で、抗がん剤治療も必要ないとの判断で、予定通り順調に職場復帰ができた。なんでもない日常が決して当たり前ではないことに気づかされた。いつの間にか子供たちは成人を迎え、社会に出ていく頃となっていた。

「若手スタッフ研修」の運営委員として再び私大連へ

　私大連では 2004 年から 2 年間、「若手スタッフ研修」の運営委員となった。運営委員は 10 名ほどのグループのアドバイザーとして参加者を指導・支援する重要な役割を担い、豊富な経験やファシリテーション力が求められた。私自身韓国研修での貴重な体験もあったので、仕事へのモチベーションに繋がりネットワークが広がるような研修にしたかった。

　ここで運営を担った他大学の職員や、研修に参加された若手職員の皆さんとの議論や交流から学んだものも、私自身の仕事への刺激

となった。職場内でのOJTは言うまでもなく重要だが、他大学の職員との交流機会があれば、特に若手の職員には是非経験してほしいと思う。職場を離れた他大学職員との交流は、自分や自大学を客観視できるチャンスでもあり、上下関係や利害関係がなく、気軽に話ができるというメリットがある。同じような悩みがどの大学にもあることを知ってホッとすることもあった。豊富な生きた情報共有を通して学ぶことや仕事に生かせることは予想以上に大きい。良好なネットワークが築ければ、メールなどを通してその後も継続して情報交換や相談もできる。

　余談だが、この研修は浜松のホテルに宿泊して行われていた。広島のアナゴもいいが、研修後の鰻は格別で、いつも楽しみにしていた。今も運営委員とはメールやラインでつながっている。年を取ると昔話をしたくなるのか、昨年2月には西南学院大学平山崇さんの提案で20年ぶりの再会、銀座で乾杯した。運営委員だった私たちも次第に定年を迎える年齢になり、平山さんの粋な計らいだったと感謝している。

大学行政管理学会への誘い

　他大学の職員との交流が進む中で、自然と考えさせられたのが自分自身のこれからの在り方だった。どんな仕事がしたいのか。この先どんな職員になりたいのか。SDという聞きなれないキーワードもよく目にするようになっていた。学内でのOJT、上司からの指導や薫陶が育成や成長の基本であることは論を待たない。加えて、学外での研修や学び、他大学の職員との継続的な交流や情報交換も自分自身の成長には欠かせない要素だと思うようになっていた。そんな時に、当時の平松立美大学事務局長から誘ってもらったのが、JUAMだった。

この学会のことを知るようになってまず驚いたことは、初代会長の孫福氏が富士吉田の JAFSA 研修会で、「そんなことをしていてはだめだ」と私に話しかけてくださったあの方だったことだ。孫福氏が著名な大学職員出身の研究者であり、残念ながら急逝されたことは、広島にいる私でも何度か耳にしていた。しかし JAFSA のあのときの人とは結び付いておらず、名刺を見て驚いた。私大連の韓国研修で団長を務められ大変お世話になった村上氏も設立メンバーのひとりだという。JUAM のことを調べれば調べるほど、この国の私学の急成長を支え、改革を推進してこられた、私にとっては雲の上の職員の名が並んでいた。私の中で大学職員のイメージは一変した。JUAM は突き抜けた職員の宝庫に思えた。

　いつからか、誘われるまま広島で開催される地区研究会に顔を出すようになった。中・四国地区の学会員や教職員、他地区から広島の研究会に来られる熱心な方もあり、名刺はどんどん増えていった。同じような課題や悩みを持っている職員もあれば、随分先進的な取り組みに関わっておられる職員の方もあり、研究会後の懇親会は大いに盛りあがった。私より若い方は比較的に少なかったし、女性も少数派だったので、顔と名前は早く憶えてもらえた。

　中・四国地区の常務理事を務めておられた平松局長が 2009 年に任期満了を迎えるということで、私に後任の打診があった。「学会の役員として加わってほしい」とのこと。「役員になれば研究集会に参加する旅費や宿泊費が JUAM から支給される」と聞き、引き受けた。動機は不純だったが、役員として JUAM に関わったことが、私の職員キャリアの中で大きな意味のある経験となっていった。

文部科学省「社会人の学び直し」委託事業のコーディネート

　話を大学の業務に戻したい。キャリアセンターの終盤に関わっていたのは、文部科学省の委託業務「社会人の学び直しニーズ対応教

育推進プログラム」への申請であった。本学では「修大再チャレンジプログラム」として、「地元ニーズを踏まえた『就職氷河期世代』の再教育・就職プログラムの開発・実施」としてこれに申請し採択された。委託事業の本格始動もあり、それまで研究支援を主に担当していた「総合研究所」は「学術交流センター」に改称された。所管業務には、研究支援に地域貢献や生涯学習が加わった。新たにスタートした学術交流センター長は落合功教授、私も 2008 年に学術交流センターへ異動となり、落合先生との協働プロジェクトが始まった。

委託事業では主に、社会人対象の学び直しカリキュラムの開発、キャリアカウンセリングなどを行い、就職を支援するための履修証明プログラムを策定し、学生募集から就職支援までを約 6 か月のタームで実施した。3 年間は委託費収入があり、受講生は履修料を支払うことなくプログラムに参加できたし、講師の謝金等経費もほぼ委託費から支出していた。委託費は 3 年間で 5,300 万円だった。受講生も順調に集まり、カリキュラムの開発、受講生の満足度、再就職実績などの成果は予想を上回り、最終的には文部科学省が主催した成果報告会で、武蔵野大学、日本女子大学と共に「社会人の学び直しニーズ対応モデルプログラム」として事例報告を行った。しかし、委託事業終了に伴う担当職員の減員、大学の経費負担、履修料の有料化などが大きな壁となり、自力での事業継続は厳しかった。

委託事業の他に、この部署では広島県廿日市市をはじめとした複数の自治体や産業界との連携協定の締結やこれに伴う連携事業の実施も手掛けた。以前から実施していた公開講座を発展させ、「修道オープンアカデミー」として社会人向けの生涯学習講座も新設した。この部署では、木村太祐さんが本学の職員としてキャリア採用され、彼と一緒に仕事をした。ポジティブで小さなことは気にしない、仕事の進め方も効率的で力強い、とても頼りになる職員で爾来、なにかと助けてもらっている。

財務課への突然の異動

　学術交流センターに異動してわずか 2 年、事務局財務課への異動内示があった。人事異動の内示でこの時ほど驚いたことはない。なぜ私が今更未経験の財務の仕事にと思った。財務業務への知識、適性も高いとは思えず、配属される可能性が一番低い部署だと考えていた。正直に言えば一番行きたくない部署、自分に合わない仕事だと勝手に評価していた。残業時間が多そうだったことも行きたくない理由のひとつだった。内示後に退職者や体調不良者も複数あると聞き、ますます消極的な気持ちになった。しかし、内示が出た以上は従うしかなく、2010 年市川先生が学長再登板となった年、四半世紀ぶりに事務局に戻ることになった。

　4 月に出勤した事務局は入職時の雰囲気とはまるで違ってみえた。組織の規模も大きくなっていたし、若い職員が和気あいあいと仕事をしていた時とは違い、緊張感のある厳格な様子にみえた。事務局財務課には財務係、管財係、会計係の 3 係があり、決算に向けた繁忙期を迎え臨戦態勢であった。残業時間が多く、特に決算業務の時期は必ず 36 協定の特別条項に沿った超過勤務時間の変更手続きが必要だった。私は担当課長として異動したが、財務課長の体調不良もあり 11 月からは財務課長代理の役職となった。

　この課長は、担当課長の頃から財務課で長時間労働が続いたにも拘わらず、役職手当だけが支給され一切の残業手当が支払われなかったことに対して、後に修道学園を相手に訴訟を起こされた。このことはメディアでも「名ばかり管理職」訴訟として報道された。ちなみに本学の担当課長は、当時の職員の年齢構成に配慮し課長と課長補佐の間に新たに設けられた職位であった。一定の役職手当が支払われ、残業手当の対象ではなかった。

　この訴訟では大学における課長、担当課長は管理職としての権限が認められていたかどうかが争点となった。結局、原告の「予算案

の決定や人事に関する権限、労働時間の裁量の範囲は限られていた」などとして「管理監督者には当たらない」との地裁判決があった。その後、課長及び担当課長の権限や処遇に関しては見直しが行われた。その際、当時の担当課長には3年間遡って残業手当が支払われることになり、私もその恩恵を受けることになった。なお、担当課長の役職そのものはやがて廃止された。

業務の効率化 －残業時間の削減－

そのようなこともあり、課長代理となってまず検討したのが残業時間の削減であった。何が原因でこのような状況になったのか。ひとが足りないのか、仕事の仕方に問題があるのか、業務の検証をする必要があった。部下の残業はもちろん上司の命令により行うもので、管理職がしっかりと課員の能力や業務量を把握しておく必要がある。また、残業すれば手当が支給されるので、管理職がその職責を果たさなければ人件費が嵩み経営的な問題にもつながりかねない。どうすれば効率よく仕事を進めることができるか、課員に話を聞きながら考えてみた。

手始めに課内の仕事の「見える化」を進めた。隣の人がいまどんな仕事をしているのか、何に困っているのか、係として今週中に完了すべき仕事はなにか、課の年間の重点事業は順調に進捗しているのか。わかっているようで意外と情報共有ができていない。このような現状を踏まえ、課の週間ミーティングの在り方を変えてみた。その週に予定されている個人別の業務の把握、係ごとの業務課題、課としての中期的検討事項の共有ができるよう様式を整え、それを月曜朝一のミーティングで活用した。

課員との目標面談では、時間に対するコスト意識の向上、忙しいときは声を掛け合いながら手伝ったり、手伝ってもらったり、チームで仕事を進めるよう、繰り返し伝えた。私自身は子育てや家事も

あり、時間制約のなか「なんとか定時に帰りたい」と思いながら仕事をしていた期間が長く、それが当たり前だったが、そうではないひとも一定数あった。

財務課の 2009 年度の年間残業時間のひとり平均は 368 時間、2011年、2012 年には 100 時間を下回るまでに削減できた。もちろん人員増もあってのことだ。繰り返しになるが取り組んだことは、週間ミーティングによる目標の共有とスケジュール管理、仕事の見える化、チームワークの強化、管理職による課員の業務進捗管理、課員とのコミュニケーションの深化であった。

大学院での学び

JUAM での活動、財務課での業務遂行を通して、かねてから関心を持っていた大学院での学びについて、初めて複数の大学院の願書を取り寄せ出願要項やカリキュラムを比較検討してみた。短大卒業後職員となり 32 年が経過、2011 年の秋だった。新たな高等教育政策が次々打ち出され、大学改革の実質化が求められるなか、職員の役割や責任は次第に大きくなっていた。

私自身学歴を不安に思うようなことはなかったが、職位が上がるにつれ、周囲から「彼女はどこの大学の卒業生か」という声が出るようになったと聞くことがあった。しかしそれより、「高等教育」や「大学職員」に関して体系的に学んでみたいと思う気持ちが強くなり、桜美林大学の大学アドミニストレーション研究科（以下「大アド」）通信教育課程に出願することにした。それなりの学費が必要であったが、運よく先述した担当課長への超過勤務手当の特別支給があり、これをすべて大学院の学費に充てることにした。

何をテーマに研究するかは漠然としていた。指導教員を決める入学前のガイダンスで、私の所属が財務課であったことや、研究計画として提出したテーマが「キャンパスマスタープラン・中長期計画」

であったことから、その年桜美林大学に赴任された日本福祉大学職員出身の篠田道夫教授のもとで学ぶこととなった。

　1年目の春学期は5科目を履修、書籍の詰まった重い段ボールが自宅に届いた。これら文献を読み、与えられた課題について1科目につきレポート2回を提出して、夏の4日間のスクーリング[18]に参加した。レポートの執筆は時間がかかり、仕事との両立は体力的にも精神的にもきつかった。秋学期も同様に5科目、冬にもスクーリングがあった。スクーリングは思いのほか楽しかった。当初篠田ゼミは4人でスタートしたが後期入学者も数名迎え、他ゼミとの交流も始まり徐々ににぎやかになっていった。

　2年目は修士論文の執筆。入学時とは方向性が変わり題目は「私立大学における学生への経済支援－学内奨学金の在り方と安定的財源の確保に向けて－」とした。篠田先生は広島まで来て、熱心に指導をしてくださった。その後篠田ゼミは60人に迫る修了生を輩出し、先生が桜美林大学を退職された今でも自主研究会を開催したり、メールを通した活発な交流が継続している。大アドの修了生は、全国の大学をけん引している志の高い中堅職員も多く、活気に溢れている。このような仲間の一員になれたことは、大学院進学の際には期待もしていなかった成果のひとつである。

機構・制度改革と財務部長への昇任

　財務課は2014年に財務部に昇格し、私は財務部長となった。これは当時の市川学長による事務組織改革の一環で、総務部長、財務部長、事務部長職が新たに設置され職員の処遇改善も行われた。

　もともと教員が担っていたキャリアセンター長、入学センター長、学習支援センター長、学生センター長、学長室長にも職員が就任で

---

[18] 通信教育などによって学んでいる人が、教室などで教員と直接対面して授業を受けることをスクーリング (schooling) と呼ぶ。

きる制度改革も随時実施されてきた。このように職員の地位向上と共に、教職協創が推し進められたことは本学の特長として紹介しておきたいことのひとつである。そして、これら制度改革の期待に応えるためには、まず職員自らの意識改革や能力開発への努力が大前提となる。職員が意思決定に関わる機会も増え、この頃から私も大学運営会議、大学評議会、学園理事会など主要会議への出席、打ち合わせ、資料作成などに長い時間を要するようになった。

　女性の管理職は確実に増えているが、財務部長は全国的にも珍しい。人事部長や総務部長にはお会いしたことがあるが、女性の財務部長にお会いしたことはない。2017年には学園理事となり、私大連の財務人事担当理事者会議にも何回か参加したが、テーマによっては約70人の参加者中、女性は私ひとりということもあった。女性が少ないと居心地がよくない。しかし、休憩時間のトイレは混まなくて快適だし、いつの間にか顔と名前を覚えてもらえているというメリットもあった。これらは笑い話としても、私大連の財務人事担当理事者会議に限らないが、財務や管財分野への女性の管理職がこの先は増えていくことを期待したい。

キャンパスマスタープラン　−校舎の建替計画−

　市川学長が熱心に推進された事業のひとつが、校舎の建替計画である。大学が現在の地に総合移転してから2024年で50年を迎えた。移転当時建設された校舎は一気に耐用年数を迎えることになる。これに対応するため、2000年頃から長期的な校舎の建替計画とこれに伴う第2号基本金の積み立て計画を策定し、校舎の更新に備えていた。途中、国の政策として耐震化の推進やアスベストへの対策が求められ、計画の見直しが行われた。これに伴い建替計画の実施が停滞する時期もあったが、市川学長が再任された2010年からは、急速にキャンパスの整備が進むこととなった。講堂の大規模改修、外周

道路の整備、3号館の建て替え、8号館の建設、食堂棟のリニューアル、9号館の建設、法人合併して附属校となった広島修道大学ひろしま協創中・高等学校の本館建設事業が次々と推し進められた。

　管財業務も財務課の重要な仕事の一部であり、私も慣れないキャンパスの整備、施設・設備の保全や校舎の建て替え、新築事業に奔走した。建設に関する知識も経験もない女性管理職を相手に仕事をする設計会社、ゼネコン、サブコン各社には当初戸惑いの様子も見られたし、私も大きなストレスを抱えていた。教学センターやキャリアセンターでの業務経験はここではあまり役には立たなかった。JUAMのファシリティマネジメント（以下「FM」）研究会[19]にも参加して、自身の勉強のため、他大学視察や研究会への参加も自主的に取り組んだ。この分野は財務関係以上に女性の担当者が少なく、特に文系出身で業務未経験のまま管理職になっている私などは珍種であった。何か困ったことがあれば、学内の諸先輩に聞くより先にFM研究会の方に相談していた。親身にメールや電話でいろいろアドバイスをもらった。広島で研究会を開催した際には、キャンパスを案内して助言もいただいた。私にとってこのFM研究会は非常に心強いありがたい相談相手だった。

　建設事業は膨大な経費を投じ、構想段階から設計、施工、完成まで、現場も含めると実に多くの方の力を借りて、ゼロからひとつのものを創りあげる壮大なプロジェクトである。竣工時の達成感ややりがいは何にも増して大きかった。もちろんその過程では多くの問題やトラブルも起こる。それらをひとつずつ丁寧に解決しながら進めるからこその達成感かもしれない。なにより供用開始後に、学生が生き生きと快適に学んでいる姿をそこに見れば、職員としてこれ以上のやりがいはないと思えた。

---

[19] ファシリティマネジメント (facility management: FM) とは、組織が活動のために、施設と環境を総合的に企画、管理、活用する経営活動のことである。

新たな資産運用による財政基盤の強化

　財務部の守備範囲は広い。補助金、予算、物品調達や固定資産の管理を主に担ういわゆる財務系業務、キャンパスマスタープラン、既存の施設・設備の保全、省エネ、防災などを担う管財系業務、もうひとつは、決算、出納、諸納付金の収受、資産運用を担う経理系の業務である。2015年の鈴峯学園との法人合併も、財務部が複数年をかけて推進した大きな事業だった。

　ここでは合併後に取り組んだ資産運用に関して触れておきたい。財務部長として力を注ぎ成果をあげたことのひとつが資産運用であった。2008年のリーマンショック以来アベノミクス、マイナス金利政策を経て国内外のマーケットは低迷期にあった。私が財務課に異動してからは、法人としても運用収入が確保できないだけでなく、保有していた仕組債の減損処理をはじめとした債券の時価の下落、電力債の格付け低下など困難な状況に直面した。金融マーケットの急激な変化とともに資金運用管理規程や関連細則が実情にあわなくなり、身動きが取れなくなっていた。

　その一方で、法人には多額な運用可能資金が留保されており、これらの課題をなんとか解決したいと考えていた。先進的な他大学事例の調査、資産運用に関する研修会に出席するなどして準備を進めた。まずは実質的な議論や判断が行えるよう法人内の資産運用ガバナンスの再構築を提案した。2019年には資金運用管理規程を改正し、資金運用委員会の設置を明文化した。資産運用に関しては安全性が重視され、元本保証のある商品以外は原則保有できないルールだったが、一定の条件下で運用対象商品の見直しも行った。また、これら運用ルールに関する詳細は資金運用ガイドラインとして新たに整備した。

　2020年には資金運用中期計画が理事会で承認され、外部の資産運用コンサルタントを導入して新たな資産運用に着手した。新規投資

はETF（上場投資信託）を活用している。価格の透明性や流動性に優れ、コストが安価で、1銘柄を保有することで、何十から何千銘柄を含む金融市場全体に分散投資ができる。国内外のETFを組み合わせ、政策ポートフォリオを構築した。モニタリングとリスク管理を徹底しながら、中期計画に沿って投資を継続している。2023年度決算の受取利息配当金収入は2018年度比で3.73倍の4億5千万円となり、修道学園としては1991年度決算で計上した史上最高額を32年ぶりに上回る実績となった。

大学事務局長に就任

　2021年4月には、大学事務局長を拝命した。この時は退職された職員の先輩方から思いがけず多くの励ましをもらった。自分では意識していなかったが、「女性初ですね」という声も少なくなかった。松井寿貢元大学事務局長から届いたメールには「思いつくままの事務局長論」というファイルが添付されていた。そこには、事務局長のあるべき姿、身につけておくべき能力や知識、留意事項等の貴重なメモ書きがあった。松井さんは44歳の若さで事務局長になり11年間この重責を務められた大先輩である。

　私が事務局長として在職していた間は、新型コロナウイルス感染防止のため大学は閉鎖されオンライン授業が主体だった。前年の2020年度はワクチンの拠点接種を実施したり、学生への学習支援奨学金を給付したりしたが、2021年度にはコロナ対応も2年目となり、大学は少し落ち着きを取り戻していた。とはいえ危機レベルは下がることなく、学内の緊急対策会議も定期的に開催されていた。就任1年目は財務部長の兼務発令があり、局長、部長双方の業務のバランスをとることにも苦労した。

　事務局長在任中は、経験不足の業務であった人事関連の法令や規程などを読み返し、働き方改革や教員の裁量労働制のための規程改

正などを行った。事務局長は事務局 2 部 4 課の統括にとどまらず、職員組織全体に目を配り、時には相談を受け、各部署で問題が起これば管理者と協力して事案の解決にあたるなど、全職員の指導や支援にあたる必要があった。トラブル対応、メンタルヘルスや不祥事、職場環境の適正化への対応などに想定外の時間を費やすこととなった。

　課長以上の職員が毎月 2 回ほど集まる運営連絡会の最後に、「教職協創の前に、職職協創を」と退任の挨拶をした。日々の業務量が増え、どの部署が主担当なのかわかりにくい重点事業も増えるなか、職員同士、課を越えた組織間の風通しや連携体制が取りにくくなっていると感じていた。コロナ禍による部局分断も影響していたかもしれない。こうして大学事務局長としての 2 年間は矢のように過ぎ、役職定年による退任となった。

最後の 1 年は監査室

　専任職員としての最後の 1 年間は法人監査室だった。監査は受けることはあっても実施する側に立ったことはなかった。例年通りをやるだけの仕事はもともと好きではなく、2004 年に監査室が設置されて以来実施されたことのない「システム監査」に着手してみようと考えた。システムに関する知識や経験があるわけではないので、外部の専門家に助言を求めることにした。システム監査の 1 年目は現状把握と問題点の洗い出しを中心に実施した。具体的には IT ガバナンスに関する状況把握、個人情報の管理や情報資産の登録、関連規程の整備といった業務監査的なレベルにとどまったが、それまで手つかずに後回しになっていた業務の洗い出しができた点で有意義だったと考えている。監査室からの指摘事項に沿って改善計画を立て、中期的視点で問題点の解決に向け取り組んでもらえればと願っている。

学校法人におけるガバナンス、内部統制、リスクマネジメント、内部監査の意義やポイント…。監査に対する認識はこの 1 年で大きく変わった。厳しくなる学校法人経営を考えると、リスクアプローチの観点から将来のリスクを軽減させておくことは、法人にとっても重要な課題である。監査室は教職員にとって敷居が高いかもしれないが、相談しやすい監査室があってもいいような気がする。ちょっとした疑問、何気ない相談が、教育・経営上の大きな問題をはらんでいる可能性も否定できない。

　専任職員としての最後の仕事は、法人の懸案事項であった公益通報規程の改正であった。法人が指定する弁護士事務所に外部通報窓口を設けることを盛り込んだ規程改正が 2024 年 3 月 28 日の理事会で承認された。最優先されるべきは健全な学校法人経営である。

次世代への伝言

　私がやり残したことの中で、次の世代に伝えておきたいことが二つある。

　一つは寄附金、ファンドレイジング事業である。修道学園は 2025 年に学園創始 300 年を迎える。従来からの学生支援寄附に加え、周年事業として新体育館建設のための寄附を募集している。地方の中規模私大が寄附金収入増を目指すのは容易ではない。卒業生をはじめとした寄附者とのコミュニケーションをどう築くか、大学として取り組むべきことは多岐に及ぶ。しかし、私はこの事業を少しずつでも前に進めることがこれからの大学の大きな力に繋がると信じている。収入面だけではない、大学が変わる大きなチャンスになる。

　二つ目は、職員経営人材育成のための SD の深化である。私自身は学内外の貴重な機会に恵まれ、訪問した他大学の数、他大学職員からいただいた名刺の枚数、参加した研修や研究会の回数、数だけは学内職員の誰にも負けない自負があった。今は、ウェブを通して

他大学の多彩な情報、SNS などでも仕事に関する有益な情報を簡単に得ることができるようになった。e ラーニングも手軽に受けられる。セミナーや研修もオンライン実施が多くなった。

ただ、その分外に出ない、学内、いや課の中、係の中で仕事が完結している職員が増えているのではないかと危惧している。優秀な職員も多い。エクセルやパワーポイントを駆使した企画書や資料作成、プレゼンの能力や語学力も高くなった。現場の仕事、OJT を通して次世代リーダーを育成するのは大事なことである。チャレンジと失敗、成功を繰り返しながら仕事の面白さを知っていく。本人の意欲と管理職のサポートが欠かせない。

そのうえで、他大学職員や異業種との交流をしっかり深めてほしい。ウェブで見る他大学と、実際にそのキャンパスに立って感じられる空気は別物である。人材育成の一環として、このような機会やきっかけを、大学が人事制度として数多く準備できれば職員の能力開発として有効だと考える。職員経営人材へと成長、飛躍するためには、自大学を客観視できること、大学の外で自分がどれだけ通用するかを知ることが、実は大事なことである。

ダイバーシティ・マネジメントの推進

女性職員の活躍、ダイバーシティとインクルージョンについて改めて触れておきたい。就職して 45 年、大学職員に限らず女性の働きかたは大きく変化した。本学は女性管理職の割合が高い。現在の矢野泉学長は歴代初の女性の学長である。副学長 4 名のうち 1 名、学部長 7 名のうち 2 名は女性で、女性の専任教員比率は 30%ほどとなった。専任職員の 52%が女性、また課長以上管理職の半数を女性が占めている。

本学における女性活躍の背景を私なりに整理すると、もともと大学として人権問題への関心が高かったことがあげられる。キャンパ

スのバリアフリー化も優先的に取り組んできた経緯があり、大学全体の文化として異なる価値観を受容できる素地が醸成されてきた。そのため教職員組合にも早くから女性部会が設置され 1985 年には職員の育児休業に関する規程が他大学に先駆け整備された。先述したように私はその二人目の利用者であったが、教員以外で育児休業制度が利用できたのは当時では珍しかった。このような支援制度の早期導入もあり、長時間労働是正への取り組みもこの頃から推進されていた。今でいう働き方改革である。

　アンコンシャス・バイアス（無意識の偏ったものの見方）は自分の中にもあるし、社会にはまだたくさん存在している。「壊れたはしご」、「マミーズトラック」、「ガラスの天井」…。見えない障壁がいつ目の前に立ちはだかるかはわからない。性別を問わず、である。

　大学には多様なひとが集う。だからおもしろい。性別、年齢、人種…。多様性を生かした組織力の強化は、これら表層的ダイバーシティのみにとどまらず、経験、知識、能力、スキル、価値観など深層的ダイバーシティの尊重へと進化していくことが求められる。またその組織に受け入れられ、力を発揮できているというインクルージョンの視点もこれからの大学の発展には欠かせない。その大前提として、公平性が担保される組織であり続けることは言うまでもない。ダイバーシティ・マネジメントは、大学が継続的に取り組むべき重点課題のひとつである。DE&I（ダイバーシティ・エクイティ・アンド・インクルージョン）の意識を持ち続ける教職員が増えれば組織は変わる。

おわりに

　私は学校法人修道学園、広島修道大学でしか仕事をしたことがない。狭い世界での限られた仕事である。しかし、私立大学の職員としては幅広い業務を経験できたと思うし、充実感も高い。大切にし

てきたことはシンプル、「少しでも前に、なるべく広く、できれば深く、そして外へ」である。学生の行き交う自然豊かなキャンパスで仕事ができて幸せだった。

　最後はここまで書いてきて、いま書きたいことを正直に書いてみる。私の 4 歳年上、いつも笑顔で仕事ができた西村明末さん。2005 年 1 月に 50 歳の若さで逝去された。人間環境学部設置の主担当として奔走され、新学部が軌道に乗った矢先の胃がん宣告だった。ボート競技の選手だったので、豪快な一面があった。療養中も会ったときは元気そうに見えたので、あんなに病が進行しているとは思ってもみなかった。

　「種ちゃんなら大丈夫、種ちゃんならできる」と何度も勇気づけてもらった。私はこの言葉を胸に、そして彼女からもらったレトリーバーの小さなぬいぐるみクリップをいつも机上に置いて仕事をしてきた。西村さんがいたら一番に相談したかったこと、この 20 年間、山ほどあった。レトリーバーは答えてくれなかったけど、周りにはたくさんの先輩や同僚、後輩がいた。

　永い間、学内外の多くの方に教えてもらい、支えてもらった。家族もそうだ。やはり最後は感謝で終えたい。最後までお読みいただいた皆さまのご活躍と各大学のご発展を心から祈りつつ。

種田　奈美枝（たねだ　なみえ）

1958 年生まれ
1979 年 3 月　ノートルダム清心女子短期大学 英文科卒業
2014 年 3 月　桜美林大学大学院大学アドミニストレーション研究科
　　　　　　　修士課程修了　修士（大学アドミニストレーション）
1979 年に学校法人修道学園に入職。広島修道大学総務課、企画広報
課、教務課、キャリアセンターなどを経て 2011 年財務課長、2014 年
財務部長、2021 年に大学事務局長となる。2013 年からは学園評議員
を 10 年間、2017 年からは学園理事を通算 3 年間務めた。
2024 年 3 月に定年退職。

　学生の派遣・受入などの国際交流業務をはじめ、学士課程のカリ
キュラム改革、学生のキャリア支援や社会人の学び直しに携わった。
財務部では中長期計画の策定及び実施、校舎等の建設、法人合併、
資産運用などに力を注いだ。この間、2004 年から 2 年間、日本私立
大学連盟研修運営委員を、2009 年からは通算 6 年間大学行政管理学
会常務理事・理事を歴任した。

広島修道大学
　広島県広島市に本部を置く学校法人修道学園は 2025 年に創始 300
周年を迎える。大学の設置は 1960 年、現在は 7 学部、4 研究科を擁
し、学生数 6300 人からなる文科系の総合大学である。「道を修める」
という建学の精神に基づき、「地球的視野を持って、地域社会の発展
に貢献できる人材の育成」を理念・教育目標としている。

道標

西　直美

はじめに

　自分の意識や考え方が変わるときは、大抵、何か契機となること
がある。それは人それぞれで、できごとであったり、人との出会い
であったりするだろう。私の場合は、人にかけてもらった「言葉」
がそうだ。ありふれた言葉だが、それが気づきになり、目標になり、
こだわりになり、仕事も含めて物事に取り組む姿勢に大きく影響し
てきた。そういった言葉の中には、ありがたいものだけではなく、
そうでないものもあったが、振り返れば、ありがたくない言葉にも
感謝すべきだと思う。

　そんな「言葉」を中心に、自分がどういう姿勢で仕事に取り組ん
できたか振り返ってみる。

どこに行ったかではなく、そこで何をしたか

　この「言葉」は私の原点ともいえる。

　私は、高校時代、熊本県内の進学校で特に目標も持たず、部活や
学校行事などで友達と楽しく過ごした。勉強はほとんどしていない。
その自責の念もあって、熊本商科大学（現熊本学園大学）入学直後、
中学校時代の尊敬する恩師に再会したおりに大学はどこかと聞かれ、

「恥ずかしいけど、商大です」と答えた。すると先生は、「どこに行ったかではなく、そこで何をしたかが大切ですよ」と優しく言ってくれた。その言葉に強い衝撃を受けた。目が覚めたような感覚といってもいいだろう。一生忘れられない言葉になった。そのときの光景もはっきりと覚えている。

そのときから、自分はこれだけは人に負けないというものを身につけようと思った。大学生であるから"仕事"は学ぶことである。だが、これまで勉強する習慣がついていないので、すべての科目を納得いくまで勉強するのは無理だと思った。興味のある科目だけに絞って4年間力を注いだ。コンピュータ論とプログラミングである。

まだパソコンやスマホはこの世に存在せず、汎用機といわれるコンピュータのメインメモリが8KB、媒体は紙テープという、今から見れば冗談としか思えない時代であったが、コンピュータの基本構造、情報システムの設計方法やアルゴリズムなどは学びがいがあった。今後このテクノロジーがどのように企業や社会に変革をもたらしていくのか非常に興味深かった。大学の電子計算機室（当時）でアルバイトもした。そのほかには、授業を受けて面白かった民法だけしか勉強した記憶がない。あとはなんとか単位が取れた程度である。しかし、プログラミングでは誰にも負けなかった。そして、そのときに学んだことは後々役に立った。

大学生時代にわかったことは、学ぶことは面白いということだ。

ここでは女性は出世してもせいぜい係長

大学を卒業したらIT企業のSE（システムエンジニア）になりたかった。一緒にコンピュータの勉強をした男性の先輩たちの何人かは大手IT企業の本社採用、あるいは地元のソフトウェア開発会社な

どに SE として就職していった。私はその先輩たちにも負けていない自信があった。しかし、当時は女性の SE 採用はなく、そもそも大卒女子の就職は厳しい時代だった。

　私は自分の進路に関してかなり楽観的で、希望職種に就ける道がないなら大学院に行こう、しかしそれは経済的に無理だろうからどうしよう、でもどうにかなるだろうとあまり真剣に考えておらず就職活動はしなかった。それでも運よく熊本商科大学でプログラマーの募集があり応募した。友人が、大学の就職課に"あなたのための"求人票が張り出されていると教えてくれた。コンピュータ論とプログラミングが役に立った。皮肉なことに、採用が決まった直後、国内大手 IT 企業で女性の SE を募集することになったので採用試験を受けないかという話がきた。大学に採用が決まっていたので断らざるを得なかったのが残念だった。

　昭和 55 (1980) 年 4 月、熊本商科大学の職員になった。専任職員のうち、女性は約 1 割で役職者は係長 1 名だけだった。ほとんどの女性職員が短大卒で寿退職があたりまえの時代だった。私と同年代の女性職員はほとんど数年で結婚を機に退職した。女性は永く勤めないことが前提の時代だったことから大抵は補助的な業務を担っていたように思う。

　また、女性には事務服が貸与されていた。着用を義務づけられている訳ではなかったし、お金がなかったのでありがたかった反面、違和感があった。なぜ男性は私服なのか。後に女性係長が増えたとき、まだ事務服を着ている女性係長がいた。外部の人は若い男性職員の方を責任者だと思うだろう。実際にそのようなことを目にした。私は係長になって私服で仕事をしたいと思ったものだ。学生時代は学ぶことに関してその過程や結果について性別を意識することはな

かったのだが、進路選択に際して実力だけではないものがあること
を認識し、職場で実感することになった。

　入職当時の唯一の女性係長に憧れた。その女性が課長補佐に昇進
したときは、私も課長補佐になることを目標にしようと思った。早々
に、最初の上司から「あなたは女性だから出世してもせいぜい係長
止まりだからね」と言われたこともそう思った大きな要因だった。

　こうして私は、早い時期から出世することを意識するようになっ
た。

　1985 年に男女雇用機会均等法が制定され、翌年施行された。それ
を契機に女性の役職登用が進んだ。1994 年には、熊本学園大学（1994
年に熊本商科大学から熊本学園大学に名称変更）でも専任職員の女
性の割合が 3 割を超え、係長のうち約 4 割が女性で、課長補佐に登
用される女性も増えていた。しかし、まだ女性管理職は誕生してい
なかった。そして 1999 年の男女雇用機会均等法改正で男女の均等
な機会及び待遇の確保が謳われ、女性の管理職登用への道筋が見え
てきた。

　2003 年、初めての女性課長が誕生した。当時の学長が「この組織
では女性が多く仕事をしているのに会議室は男性だけ。なぜ管理職
に女性がいないのか」と言ったことがきっかけと聞いている。これ
でやっと仕事のうえでは女性が男性と同じ土俵に乗れるようになっ
たわけだ。このとき、私は課長補佐だった。すでに女性としての出
世にこだわることはなくなっており、近い将来管理職になるのを疑
っていなかった。法改正に伴う組織の制度改革で環境が整い、新し
い制度を運用していくなかで構成員の意識が徐々に変わっていった。
意識の変化には法の制定から 18 年かかっていることになる。改革
は時間がかかるものなのだと思った。

それでもまだ育児や介護に関しては課題が残っていた。大学という先端研究を行っている組織であるにもかかわらず、自身の組織運営においては保守的だと感じることも多かった。仕事は同等にやってもらうが家事や育児は女性が担うべきだという意識があるうちは、女性が男性と同じ土俵に乗るためには大きな努力と、ときには犠牲も必要になる。

女性職員が育児休業を取得すると同部署の男性職員が不満を口にした。「1人目ならまだしも、2人目、3人目となるとちょっとね。その分こっちにしわ寄せがくるから不公平だ」、「休むくらいならいっそ辞めてもらったほうがいいのに」といった陰口を聞くことがよくあった。出張では同行した男性職員から「あんたの旦那はよく出張に行くことを許したな。おれの奥さんだったらやかましく文句を言うぞ」と言われたことがある。いやいや、職場では出張しないことに文句を言うでしょう。しかし、出張命令を拒否する女性職員がいたのも事実で、その理由が「主人が出張を許してくれない」というものであった。私は複雑な気持ちになった。そういう理由を堂々と公言する職員がいるから女性は一人前として扱ってもらえないのだという思いと、女性が永く働ける環境を整えるために擁護すべきという考え方の間で悩んだ。自分の中で答えはでないまま、一応、擁護する立場をとったことを覚えている。そんな時代だった。

思い切りやってください、責任は私がとりますから

最初は計算センターに配属された。教員の社会調査等の集計を主に担当した。様々な様式の社会調査等を集計できる汎用的なプログラムの作成を目指した。私は学生時代から計算センターの職員にもプログラミングでは負けていないという自信があったので、設計や

プログラミングは自由にやらせてもらった。しかし、集計結果の様式だけは上司から何度もやり直させられた。それも具体的に何がどう悪いといった指摘やこうすればいいという指示もなく、ただ「ダメ」と言うだけだった。何度も何度も修正して上司に見せても首を横に振られることが続いたが、最後に「これでいい」と言われたものは結構完成度が高かった。自分で考え工夫する習慣はここでついたと思う。ひとつのシステムを自分で考えて一から作るという仕事はやりがいがあった。

　ありがたい指導を受けた上司ではあったが、教員に対する態度が相手によって異なることがあった。あるとき私が受け付けた仕事を上司に報告すると、その教員の仕事は受けるなと言う。私も若かったのでそれを咎めると、上司から「あなたが受けた仕事のことはあなたの責任だから、俺は知らんから」と言われた。なんという上司だ。私はまだ教員と職員の関係については何もわからない新人だったので上司の考え方はおかしいと思ったが、上司にしてみれば色々とあったのだろう。しかし、それ以来、私とその上司の関係は修復されることなく最悪なものとなった。

　他部署の先輩ともあまりうまく関われなかった。私は自信過剰の生意気な新人だったのだろう。

　当時、まだコンピュータは一般的に事務処理に使われておらず、入試の合否判定や給与計算などを計算センターの汎用機で一括処理をしていただけだった。私が入職したタイミングで教務のシステムを開発することになったため、計算センターには教務の職員が出入りしていた。その他に給与計算の時期には担当職員が計算センターに来ていたのだが、率直に言って彼らは、全員ではないが無駄話が多く、私はその無駄話に延々付き合わされていた。業務妨害だとも思えるほどだった。そのことを先輩に正直に話したのだと思う。詳

細は覚えていないが、その先輩は「ここはせっかくのぬるま湯だから、浸かっておけばいいのだよ」と言ったのだ。なんという先輩だ。今にして思えば、あまり青臭く考えない方がいいというようなことを言いたかったのかもしれないが、私はその考え方とそれを口にする先輩を尊敬できなかった。

そんなこんなで、ここでは永く働きたくない、転職したいと思うようになった。それには自分のスキルを磨くしかない。通商産業省（当時）の情報処理技術者試験を受験し合格した。また、簿記3級を取得した。この頃の私は、定時退社が可能で年休もほとんど毎年消化できていた。ある日、ふと簿記学校の看板が目に入り、そのまま入校手続きをして仕事帰りに通うようになった。何かを学ばなければと思っていたのだが、何をどう学んだらいいのかわからなかった。

1980年代後半、大学事務局内に小型のオフィスコンピュータが導入された。私は、ほとんど手作業だった事務処理を機械化するためのプログラム作成を頼まれるようになった。依頼された部署に出向いて作業をすることが多くなったが、事務局内では出向業者のような扱いを受けた。自分自身も大学職員という意識はまだ持っていなかった。ある日、事務室の窓から外を見るとスーツを着た学生が大勢いるのが見えた。それで今日は入学式なのだと気づくような、大学の行事にも疎い職員だったから当たり前だったのだろう。

そんなとき、募金事務室業務のシステム化を頼まれた。初日に募金事務室長に挨拶に行ったときのこと、室長から「思い切りやってください。責任は私がとりますから」と声をかけられた。責任をとる気がない上司のもとで働いていた私は驚いた。そして、この人に責任をとらせるようなことは絶対にするまいと思った。責任をとるとはどういうことか考えるようになった。相手を信頼していないと

責任をとるなどという発言はできないのではないか。その信頼に応えるためにきちんとしたシステムを作ることが私の責任だ。

　そのときから仕事に対する姿勢が変わった。もう転職のことなど考えないようになっていた。

これで仲間だね

　熊本学園大学には第二部（夜間部）があったので、第二部の授業対応のために、17 時から 21 時までの"夜勤"という勤務があった。夜勤は男性職員だけで当たっていた。そこには男性職員の世界があり連帯感を醸成していたのだろう。また、夜勤手当という超過勤務手当が生活給に組み込まれていたことも否めない。女性職員が夜勤のシフトに入ると男性職員の回数が減り手当が減る。夜勤は男性職員の既得権だという考え方があった。しかし、職員に占める女性の割合が増えるとともに夜勤者が不足するようになってきた。そして、男性職員の考え方も徐々に変わってきた。手当をもらうよりも回数が減ったほうがいい、男性職員だけ夜勤をしなければならないのは不公平だと考える若い男性職員が増えてきていた。

　夜勤者が不足していることを聞いて、私は志願して夜勤シフトに超過勤務扱いとして入った。週に 1 回程度だった。ある日、夜勤の時間に同年代の男性職員が顔をだして「あなたは夜勤をするようになったから仲間だ」と言う。それからは、同年代の若手男性職員との仕事がスムーズにいくようになったことを感じた。

　その後、女性職員が管理職になることになったが、その条件として女性職員も正式に夜勤体制に組み込むことになった。女性と男性の労働条件が同じになった。このときは、職員の意識の方が先に変

わり必要に応じて制度が変わったことで、職員はすんなりと受け入れることができた。

1988年に熊本学園大学に大学院が設置された。学部の教育や制度のことは学生として身をおいて学んだので理解できるが、大学院のことはわからなかった。大学で職員として永く働いていくには大学院のことを知りたいし、知るべきだと思った。そのための手段としては大学院に入学することが一番ではないかと考えた。

1992年4月、熊本学園大学大学院経済学研究科経済学専攻修士課程に入学し、社会人学生として学ぶことになった。35歳だった。学部生のときは、授業で教員が要点を説明してくれて、指定されたテキストや数冊の参考文献を読んでいればよかった。修士課程では、できるだけ多くの文献や論文、資料を自分で探して読むこと、資料は原本に当たること、その中から自分に必要なものを見つけ出すこと、そして自分は何を見つけて何を言いたいのか整理すること、それらを最終的に論文というかたちでアウトプットすることが求められた。そしてその論文には自立が伴う。すべての批判と評価を自分自身で受けとめるのだ。そういう意味で教員は組織の一員というよりも独立した研究者なのだ。

私は、財政学の教員の指導を受け、国の統計資料や税制調査会の議事録などを読み、先行研究に関する文献や論文を探し、研究会で散々に批判されなどして学び方を学んだ。仕事をしながらだったので時間が足りず辛かったが、有意義な時期を過ごした。税制の歴史や税法の条文を読み込むことが面白かったし、その立法趣旨を理解するのが楽しかった。学部の時代に民法を勉強しておいてよかったと思った。このときの経験が、後に高等教育に関する政府の資料や国会議事録、教育に関する法令等を読むのに役立った。

私が大学院に入学したとき、ある教員から「これで仲間だね」と
声をかけられた。私は、研究という扉を開けただけなのだが、教員
はこうやって専門を極めてきたのだ。これは敵うはずがない。教員
と同じように専門的なことを身につけ世に問うて認められなければ
大学では同等には見てもらえないのだと思った。大学は教育機関で
あるから教員は必ず必要である。では職員の役割はなんだろう。教
員が学生を教育することを補佐するしかないのだろうか。また、職
員の個はヒエラルキーのもと組織に包括される。それでは組織とし
て補佐することを極めよう。教員の研究環境を整えることは良い教
育を生みだす重要な要素だ。そして学生には学ぶことは面白いこと
だと体感してもらいたい。このときはそう考えた。

失敗を恐れるな、ただし、失敗は許さん

　1993 年 12 月、まだ修士課程に在籍しており、これから修士論文
の最後の仕上げというときに教務課に係長として異動になった。そ
れで留年することになったのだが、それでもなんとか半年後に修了
することができた。

　教務課の課長からは最初に 3 つのことを言われた。「失敗を恐れ
るな、ただし、失敗は許さん」、「やりたいことは、人の仕事をとっ
てでもやれ」、「思い切りやれ、やばいときは俺が止めるから」。なん
てすばらしい上司だと思ったのは甘かった。自分は教務課の仕事を
何も知らない係長である。とても厳しく仕事を教えられた。悔しい
思いを何度もした。この人に認めてもらいたいという思いだけで仕
事をした。

　転機がきたのは、その課長とベテラン職員が異動になり、教務課
の業務は初めてという課長が着任したときのことだ。これまではベ

テランの教務課職員の中で指示された業務をこなしてきたが、まだ新人係長であった私とその部下は自分たちだけで業務を遂行しなければならなくなった。これは何のための業務なのか、その目的を達成するにはどうしたらいいか係員と相談し自分たちで考え何とか進めていった。かなり苦労した。一つひとつの仕事の細かい手順書はあったが、全体を見て業務の関連性を把握しそれぞれの進捗を見ながら指示を出していたベテランの課長がいなくなったときの混乱を経験した。そのときにずっと頭の中にあったのは、その課長の言葉「失敗を恐れるな、ただし、失敗は許さん」だった。例えば卒業判定で失敗をしたら学生の運命が変わる。許されない。失敗したら怖い。それゆえ、よく考えて慎重に準備をして仕事を進める。ミスがあれば途中で発見できるようなしくみを業務手順に組み込んでおく。最後のチェックは必ず複数人で行う。準備と確認がしっかりできていれば失敗は恐れることはない。

　次に、「人の仕事をとる」ことを考えた。自分に割り当てられた仕事ができるようになっただけではだめだ。それぞれの係の業務が関連するので情報がスムーズに伝わらないといけない。カリキュラム編成、時間割編成、履修登録という流れのなかで、私たちの係が履修登録を担当していた。カリキュラム編成の基礎資料はすべての根幹になっていたのだが、教授会で決定してからでなければその資料がもらえなかった。さらに、その基礎資料の解読に時間がかかり、その資料を基に作られた学生指導用の窓口資料もわかりにくい。その資料を変えてもらうにはどうしたらいいか。

　資料には、教授会の決定事項、その決定を受けて事務的に判断する事項、補足事項のすべてが同一レベルで記載されていた。補足事項には担当者のメモとして前年度の情報まで記載されており、ミスを誘発する要因にもなっていた。資料の情報を整理し、教授会の責

任事項と教務課の責任事項に分け、サンプルを作成し、すべての学科長と相談したうえで、課長に相談し、基礎資料は次年度から私の係で作成する許可をもらった。仕事は増えたが業務は楽になった。基礎資料を作成するのでカリキュラム編成開始時から情報が係に流れるようになり、早くから準備ができるようになった。

　もう、"やばい"ときに止めてくれる上司はいなかったが、結果は上々だったと思う。その後、履修登録の方法を変更したり、科目の関連性を説明する資料を新しくしたりと業務の改善を心がけるようになった。「失敗を恐れるな」という言葉が励みになった。そして、丁寧に業務を設計して慎重に相談し手続きを経て改善していくことができた。

　カリキュラム編成の基礎資料の相談をしたことから、学科の教員、特に学科長と色々と相談ができるようになった。学科の教育課程に関する制度の運用や改善について相談を受けるようになると、各学部の教育課程や制度、学内規程、意思決定の手順などを熟知しておく必要がある。それらを身に付けるよう努力した。そしてミスのない丁寧な仕事を評価してもらい、教務課員として教員に信頼をおいてもらえるようになった。また、学科長であった女性教員と時々会食をするようになったことがきっかけで、他の女性教員も誘って定期的に食事会の場を持つようになった。教授会の日に集まることが定例になり、学部の状況がよくわかるようになった。教務課職員としての役割を考えることに役立った。教員とはお互いの立場を理解し意見を言い合えるようになった。親しくなった教員が後に主要な役職に就いたときも、それぞれの立場で組織運営上の課題への対応や制度改革などを協力して進めていくことができた。

人と人とのネットワーク

　もう一つの転機が訪れた。外に仲間ができたのだ。そのころの私は人前で話すことが苦手で、打ち合わせや会議で発言しようと思っただけで心臓がバクバクして発言できないことが多かった。それを克服するために、研修会などでは必ず質問をしようと決めた。質問するためには、そのことを意識して聞かなければならない。要点と疑問点のメモをとるようにした。最初はメモをとりながら質問事項を思いつくたびにひどく緊張したが、続けていると慣れてきた。そんななか、私立大学情報教育協会主催の研修会に参加した。班別研修の事例発表で質問をしたことから、その発表者と親交ができた。また、そのときの班で一緒だった方から会合のお誘いがきた。「せっかくできた人のネットワークを大切にしたい」ということだった。まだよく知らない方々との会合、しかも名古屋で開催、に参加することに躊躇したが、大学で働く者としての岐路にたっているのではないかという強い思いに駆られ、家族の了解を得て参加することにした。

　それをきっかけに私立大学で働く職員の方々とのご縁が全国規模ででき、お互いに切磋琢磨する仲間ができた。1998年、42歳だった。それから毎年、年に2回の定期的な研究会と会合を持ち、現在も大学職員「人間ネットワーク」として続いている。その会の立ち上げと運営を担った主な方々の力量と努力には学ぶことが多く、自分より若い方々だが、お互いに敬意をもってお付き合いをしている。

　その前年の1997年に大学行政管理学会 (JUAM) が設立されていた。全国の大学職員が待ち望んでいた学会であったと思う。しかし当時は管理職でなければ会員になれなかったので、私にとって大学職員「人間ネットワーク」はかなり魅力的だった。

そして、全国の大学のことを知るにつれ、大学で働く者としての知識が足りないことを実感することになった。所属大学内部の知識だけでは改革はできない。自分の大学では当たり前だと思っていた制度が他大学にはない。常識が常識ではなかったということが何度もあった。課題解決の情報収集のため、仲間のつてを頼って他大学にも積極的に訪問するようになった。関東や関西での会合にも仲間に会うためによくでかけた。もちろん週末に自費で。

教務システムの再構築や履修登録の Web 化、シラバスの改善など既存業務の改革のほか、新しい業務を組み立てていくことも多くなった。保護者懇談会、熊本大学・熊本県立大学との三大学単位互換制度、沖縄国際大学との国内留学制度、大学内での他学部受講制度、特待生制度、学生による授業評価アンケートなどに取り組んだ。事務局全体のプロジェクトにも声がかかるようになり、個人情報保護法への対応や夜勤問題検討委員会などに参画した。

上司を見て、自分だったらどうするか、どういう判断をするか

2001 年 10 月に課長補佐になった。学年暦の作成を任された。私が作成した日程で大学が動くのだ。最初は怖かった。恐れず慎重に準備をして望んだ。3 年先の学年暦まで作成しておいたうえで当該年度を詳細に検討すればミスを防ぐことができると思った。大きな変更を行う場合でも数年先まで見通したうえで検討できる。初年度に 3 年分作るのは大変だったが、楽しくなった。

新しい仕事は自分で制度設計をして運用まで行っていた。最初はイレギュラーな業務だが最終的にはルーティンワークとして係におろすべきだ。しかし、忙しそうな課員にもっていけなかったこともあるが、自分でやりたかったのだ。学生との窓口でのやりとり、学

業が不振な学生の保護者との相談、教員との仕事、新しい取り組み
を一から設計し合意をとって運用することが楽しかった。一人で仕
事をしているように見られた。仕事を独り占めしている、任せて人
を育てることも仕事だとよく言われた。

　そのころは課長よりも教務課の業務をよく知っているつもりだっ
た。よく課長の意見や判断に異論をぶつけていた。すると「じゃあ
お前ならどうするのだ」と必ず言われた。そしてその場で即答でき
なければ相手にしてもらえない。それならその場で即答できるよう
になろうと決めた。自分が課長だったらどうするのかということを
意識して課長にものを言うようにした。自分より上の役職を意識す
るようになったのはこのときからだ。しかし、課長のつもりで業務
にあたったが課長補佐にその権限はない。業務遂行や組織運営のな
かでのそれぞれの役職の役割と責任を考えるようになった。

自分のような部下がいたら、その部下はどうして欲しいか

　2004 年 10 月、教務課長になったが、ある意味面白くなかった。
現場の仕事が大好きだった。それを人に任せなければならない。手
を出したくなるが課長なので我慢しようと思った。

　日本福祉大学（当時）の福島一政氏の講演を聞く機会があった。
強く印象に残ったのが、自分の現在の立場の上と下を見るというこ
とだ。"上"とは上司のことで、自分が上司だったらどうするかだ。
私の考え方は間違っていなかったとお墨付きをもらったような気に
なった。しかし、"下"つまり部下のことは全く考えていなかった。
自分のような部下がいたら、その部下は自分にどうして欲しいと思
っているかを考えろということである。周りの人からよく注意され
ていたのはこういうことだったのか。

自分だったら、現場のことは任せて欲しい、そして、会議ではしっかり提案の承認をとってきて欲しいと思うだろう。後者はできる自信はあったが前者は全くできない。任せるに足る部下はいるか、いなければ育てたか。いや、単純に、任せることができるか。

　以前、上司の勧めで熊本県経営者協会が主催する経営品質アセスメント基準を学ぶ研修を受けたことを思い出した。企業がその基準に沿って自己点検・評価を行う。現場への権限移譲が適切になされており、現場の判断で顧客満足度を上げる取り組みを奨励する。それが業績向上につながり、働く人もやりがいをもって成長するという事例が具体的に示されていた。責任は管理職がとるが現場では思い切りやってくださいということだ。どこかで聞いた言葉だ。私は何をやっていたのだ。我慢するのではなく、ほんとうに任せられるかということだ。

　では、部下に任せて課長は何をすべきか。それぞれの係の業務がスムーズに連携しお互いに何をやっているかわかるように環境を整えることだと思った。

　各係の業務を半年ごとに計画を立ててもらい一覧表にした。学年暦は決まっているのでそれに沿って各係長に責任をもって業務日程を決めてもらう。係長は係の業務進捗を管理する。複数の係で関連する業務は、それぞれの進捗によって日程が決まるのでお互いに調整が必要であり、年度末と年度初めは特に立て込んでいるので連携が重要だ。人手が必要な時期はお互いの応援も事前に相談できる。

　日程表を作り始めた年は、大体こんなところですかね、という感じだったので、業務の連携に齟齬がでたりした。そこは厳しく、真剣に日程を組んでもらわないと困る、皆が迷惑すると指導した。使える日程表ができたのは3年目からだった。それまでは進捗を逐一

報告させて指示をだしていたので、私も大変だったし係も自立できていなかったと思う。

　何か異変があればすぐわかるように教務課員の動きをいつも見ていた。困ったときだけ来るようにと言って、こちらからは何も言わないように努めた。不思議なことにまずは自分たちで解決しようという姿勢を皆がもってくれた。もちろん見ていたらわかるので"やばい"ときは課長の出番だ。課長はいつも見ていてくれるという安心感をもってもらっていたように思う。係長たちとも頻繁に連絡会議を持ち、課題を共有できるように努めた。

　ある日、配属されて間もない新人職員が相談に来た。ある先輩職員の仕事に対する考え方に不満があると意を決して来たようだ。これは応えてやらねばならない。鍛えがいのある素材だった。厳しく接したがしっかりついてきてくれた。自分もそうだったが、この人に認めてもらいたいと思う気持ちが彼の支えだったようだ。辛かったと後で聞いた。その頑張りを尊敬している。認められたいと思うのは相手にその価値があるかどうかだ。幸い、私はそう思ってもらったわけだ。

理屈をこねくり回すまえに、体を動かせ

　外にはとても行きたかった。大学の課題解決のために情報が欲しい。今では様々な情報がネットで簡単に手に入るが、当時はそうはいかなかった。高等教育関連の研究会や講演会は多数開催されていたが、関東が中心だった。旅費と時間がかかる。それでも興味のある研究会や講演会にはできるかぎり参加した。教員から英語のリメディアル教育のあり方について相談されたことがきっかけでリメディアル教育学会には自費で参加した。大学マネジメント研究会も設

立されてすぐに会員になった。当時は国立大学マネジメント研究会として発足したので私立大学の会員は僅かだった。

2004年4月から2012年3月まで、日本私立大学協会教務研究委員会の委員を務めた。委員会の会議に出席するため年に5回ほど上京することになった。毎年、私立大学協会は教務部課長相当者研修会を開催するが、委員になって研修会を企画運営する側になった。これまで以上に知見を広げる必要がある。これまで以上に積極的に研究会や講演会に参加した。研修会では公式の情報交換会のほかに参加者が懇親を深められるような場を毎回設定した。このときも大学職員「人間ネットワーク」の仲間に助けられた。

2005年、JUAMにも入会した。きっかけは尊敬する上司である元教務課長がつぶやきに来たことだった。上司「うちの大学は誰も大学行政管理学会に入っていないなあ」、私「わかりました。入れということですね」。当時の事務局トップからは嫌味を言われた。「学会にお入りになったのですって」、「理屈をこねくり回すまえに、体を動かせ」などなど。それはある意味正解だろう。実践が伴わない理論は理屈に聞こえることもある。しかし当時の私は理論とか実践とかそんなことではなく、業務に活かせる場があるならどこにでも行きたかったのだ。そして自分自身がきちんと仕事に取り組んでいなければどこでも相手にしてもらえないことも感じていた。まずは仕事だ。

JUAMでは、九州・沖縄地区研究会に参加した。福岡地区の大学が中心で熊本県の会員は僅かだった。九州・沖縄地区研究会では基本的に年に3回（のち4回）の研究会が開催されていた。会員になって最初に参加した研究会で、福岡大学の小原一郎氏に声をかけていただき事例発表の機会をいただいた。必ず質問することを自分に課していた時期だったので悪目立ちしてしまったのだろう。また、

熊本学園大学で研究会を開催したいと申し出た。熊本学園大学で JUAM の認知度を上げるためだ。初回は熊本学園大学の事務局トップに講演を依頼したので効果は抜群だった。その後は、研究会のテーマによっては熊本学園大学の FD・SD 企画との共同開催にして職員だけではなく教員にも案内した。熊本県の私立大学の職員にも参加を呼びかけた。毎回その時期の課題に沿った講演者を考えたこともあり毎年必ず 1 回は熊本で開催するという実績を作ることができた。大学職員「人間ネットワーク」のつてを頼って著名な方に講演をお願いしたこともある。

うれしかったのは、熊本学園大学の若手職員が積極的に参加してくれるようになったことだ。初回の研究会は一人で準備し当日の受付だけは他の職員にお願いした。数名の若手職員が次回から手伝うと申し出てくれた。会員にもなってくれた。次年度から、事前の準備から当日の運営まで任せて安心だった。頼もしかった。熊本県の他大学の会員も少しずつ増えていった。

九州・沖縄地区研究会で、福岡大学の小原氏と山村昌次氏、西南学院大学の坂井啓氏をはじめ多くの方に出会えた。ここに書き尽くせないほどお世話になった。研究会後の懇親会は二次会まで必ず参加した。九州に仲間が大勢できた。熊本で開催するときも二次会の会場選びが肝心だ。会場にしたいお店の人に顔を覚えてもらうまで通って準備した。その後、山村氏と坂井氏の後を継いで西南学院大学（当時）の髙木幸二氏と福岡大学の重冨洋二氏とともに九州・沖縄地区の世話人を務めた。

大学を変える、学生が変える

2010 年、次長昇進と同時期に教学部長（現教務部長）や学部長の教学役職者を支援する部署が新設され、その教学事務室長を兼務す

ることになった。この時期は、初年次教育の一環として自校教育が注目されていた。京都の大学で、自校教育として設計された入門科目を学生自身がデザインするという取り組みをしていた。ファシリテートしていたのは大学職員「人間ネットワーク」仲間の職員だった。早速連絡して、熊本学園大学の学生たちを京都に連れて行き交流することにした。それから学生たちとともに学生 FD サミットに参加するようになった。2012 年に追手門学院大学で開催された第五回学生 FD サミットの記録（木野茂監修、梅村修編、『学生 FD サミット奮闘記』,ナカニシヤ出版, 2013）の中で紹介もされた。学生 FD サミットは学生参画型 FD 活動の交流の場であった。そのスローガン「大学を変える、学生が変える」に心が躍った。

　熊本学園大学では、1972 年にカリキュラムに学生の意見を反映させる目的で始まった"学生と教職員とのディスカッション"が現在まで続いている。そのディスカッションのためのカリキュラムアンケートは学生が主体的に実施していた授業評価アンケートでもあった。そのディスカッションを主催する学生自治会の学会委員会の学生たちに声をかけたのだ。私は 2012 年に総務部に異動になったのだが、学生 FD サミットの時期になると一緒に参加しようと誘いに来てくれた。総務部にいても学生と関われるのがうれしかったし、学生が訪ねて来てくれることが自慢だった。学生たちは自治会の役員だったので任期は 1 年である。役員間で毎年引継ぎはあったようだが段々連絡がなくなり、結局、一緒に行動できたのは 4 年間だった。継続できなくて残念だった。

働いているのは心をもった人間

　日本福祉大学が音頭をとって北星学園大学と熊本学園大学の三大学で連携 GP の補助金を獲得することができた。e ラーニングを活用

する事業だ。申請書類作成のため日本福祉大学の美浜キャンパスで3日間合宿した。もともと交流のあった広島修道大学、松山大学、沖縄国際大学の参加を得て、学生、教職員の交流を促進する機会となった。素晴らしいスキルを持った大学職員に出会えて刺激を受けた。事業の一環で、熊本大学大学院社会科学研究科教授システム学専攻の科目等履修生としてeラーニングとインストラクショナルデザインの勉強をする機会を得た。効果的で効率的で魅力的な授業をどう設計するかという内容である。eラーニングコンテンツ作成に関して、対面授業しか信じないという教員を説得しないと協力を得られない。教員の協力を得るにはこちらも知識が必要だった。

　組織開発と人材育成、そのツールとしてのeラーニングの可能性、コンテンツのデザイン手法という自分なりの組み立てで科目を選び学んだ。読んだ教材の中に「人材育成入門」という書籍があった。入門書なので内容は広く周知のことではあると思うが、私にはとても印象的だった。特に印象に残ったのは「働いているのは心をもった人間」というフレーズである。人材育成では組織と個人それぞれに長期的および短期的な目標がある。それを達成するための制度をどのようにバランスよく設計し実行できるか。どんなに理にかなった制度で運用しても人の心を忘れてはうまくいかない。組織には働く人を育成する義務があるし個人も自分の力を向上させる義務があると思う。では組織の目的にあわない人材に対する責任はどちらにあるのだろうか。

　熊本学園大学の教員と職員数名でドラッカー研究会を作り毎週勉強会をした。大学のあるべき姿とその実現に向けた方法論などを語り合ったりもした。この時期の私は頭でっかちだったと思う。働いているのは心をもった人間なのだということをインプットしてから、すっかりわかった気になっていたようだ。しかし、実践には結びつ

かなかった。実践に結びつくまで学びを深めることも中途半端であったし、手法も持たなかった。

　教務部門に骨をうずめるつもりだったが、2012年4月に総務部に異動になり翌年総務部長になった。定年まであと5～6年しかないのに、この組織は人のキャリアをどのように考えているのだろうか。こうなったら上は事務局長しかない。初心に返って自分が事務局長だったらどうするかだ。とは言っても初めての総務部門、業務のことはまだわからない。これまでの知識も日々の業務の役には立たない。任せるしかない。信頼関係をどう築くかである。かつて教務課で厳しく鍛えた後輩職員が総務課にいた。丁寧に教えを請うた。毎週、所管する部署の課長を集めてミーティングを開き、決定事項の伝達、連絡、業務の進捗確認、課題の共有などに努めた。財務の勉強も始めた。経営は財務からだ。わからないことだらけだが、学園内の理事会などの会議では総務部長という立場の者はわかっているという前提だ。会議の準備には相当に力を注いだ。

　忘れられないのは総務部に異動してすぐ学園70周年記念事業の担当になったときのことだ。式典当日まであと2か月もないのにいきなり責任者になった。しかも数年前から委員会を設置して準備を進めていたのに、なぜ今こんなことになっているのかという状況だった。準備委員会は要職を務めた職員OBで構成されていた。素案もできており議論も尽くされていたが、何も決まっていなかった。組織的な意思決定の手続きができていなかったのだ。いくら優秀なOBでも権限がないと物事を進められないのか。あわてて手順を踏んで機関決定をした。これまで教学組織の意思決定を支援する立場にいたのでここは得意分野だが、そのあとが大変だった。なんとか決まったがあと1か月もない。何をするかは決まったが、それを誰が実現に向けて準備し当日の運営まで実施するのか。途方にくれた。

叱られながらも各方面で拝み倒した。そんななかで事務局の職員がそれぞれの役割を果たしてくれた。任せるしかなかった。皆がとても頼もしく見えてありがたかった。当時の上司に叱咤激励されながら、同僚や部下に助けられながら、迷惑もかけながら、その行程管理をなんとかこなし、当日無事に終えることができた。職員全員でことに当たる一体感を感じた。

　2014年4月に事務局次長兼教学部事務部長、同時に学校法人熊本学園の評議員になった。また教務に逆戻りであったが、事務局次長の立場もあったので総務部にも机を置いていた。

　少子化のあおりを受け年々学生確保が難しくなっていくなか、財政の長期的な見通しから財政健全化の計画が策定されることになった。その内容は人件費を下げるというものだった。私は思わず会議で手を挙げて「教育改革に力を注ぐべきではないか。給料を減らしただけで持ち直した大学の話など聞いたことがない」という主旨の発言をした。その後、教育の活性化についても検討することになり、その委員になった。職員も教員たちとともに教育面での課題とその対策について議論した。職員は、教員の補佐役ではなく、学生を成長させる教育と環境を、お互いの役割のなかで協力してどう提供できるかということを考え実現できる存在だと思った。

　大学基準協会の大学評価分科会委員を務めることになった。これは、他大学の諸氏が務めていることを聞き目標にしていた委員だ。大学基準協会から委員の依頼文書が届いたときは素直にうれしかった。さらに知見を広げるモチベーションになった。

　学校教育法の改正があり、それに伴う検討会議を担当した。熊本学園大学は従来から教授会が強い大学であった。経営事項でも教授会での審議を必要としていた。この法改正に則り、経営と教学の事項を分けた。また、これまですべて教授会での審議承認が必要だっ

たものを、教学においては学長の意思決定を中心とした運営とし、大きく変えた。その学長の意思決定を補佐する体制を強化し副学長と学長室長を新設した。学長室長は教員と職員のいずれかでもいいように規定していたが、当時の学長の希望で職員が任命されることになった。私がその任に就くことになった。2016 年 4 月、事務局次長兼学長室長。59 歳。定年まであと 1 年。

同じことがまた起こったら、また同じことをするだけだ

平成 28 (2016) 年、入学式が終わり、いつもの大学の春が始まった。これから学長を補佐する立場で教学運営に関わるというときだった。

4 月 14 日午後 9 時 26 分、熊本市中央区（大学の所在地）震度 5 強。歩いて帰宅している途中だった。突然、地面が強く揺れた。なかなか収まらず、それどころか段々揺れが強くなり遠くで閃光が走った。歩道わきのブロック塀が倒れてくるのではないかと思った。偶然通り合わせたパトカーのスピーカーから「怪我をした人はいませんか」という声が辺りに響いている。尋常ではない。これはどこかで大変なことが起こっているに違いない。熊本市でこの揺れだから震源地では大変だろうなどとまだ他人事のように思っていた。まさかこのあと日常生活が一変するとは思わなかった。

大学に引き返そうかとも思ったが、とりあえず帰宅し大学に電話を入れた。居合わせた者で大学の被害状況を確認しているので、自宅で待機せよという指示であった。しかし、このとき迷わず大学に引き返すべきであった。震度 5 弱程度の余震が頻発していた。大学に避難してきた近隣住民の方たちの対応で大変であったとのこと。後に、そのとき大学に居合わせた者や駆け付けた者とそうでない者

との間に、目に見えない軋轢が生じることがある。居合わせた者や駆け付けた者がそのときの様子を語るのを聞き、そうでない者は自責の念にかられ肩身が狭い思いをする。そんな思いをさせないためにも有事の初動体制は明確にしておく必要がある。

4月16日午前1時25分、熊本市中央区震度6強。前日の対応をして遅くに帰宅した。その夜半、もっとひどい揺れがきた。身の危険を感じて外にでた。自宅の外は近くの高等学校に避難する人で溢れていた。異様な光景だ。その動きがすぐに逆流した。高等学校は避難者がいっぱいで入れないという。午前2時を過ぎていたが、とにかく大学に"駆けつけた"。

その日から危機管理体制になった。まず専任職員全員で、学生安否確認、施設確認、避難者のサポート（熊本学園大学は指定された避難所ではなかったが、多くの近隣住民が身を寄せていた。そのまま避難所として学園が運営することになる）の3班にわかれて初動対応を行うことになった。

すべての建物が被害を受け4棟が使えない状態だった。うち2棟は壊滅的だった。電気はすぐ復旧したが、水道の復旧には数日かかった。避難してきた人は、発災直後は約400人、その後は700人を超えた。しょうがいを持つ方や介護が必要な高齢者も受け入れたので福祉避難所として注目を浴びた。全学生の安否確認は4月21日までかかった。すべての学生に直接電話をかけた。併せて教員にゼミ生の安否確認をお願いした。残念ながら1人の学生が道路崩壊に巻き込まれ犠牲になった。

大学の危機管理規定に則り災害対策本部を置き、常設の会議等の議を経ず学長が判断し実行できる体制を作った。復旧方針の明示、復旧費用捻出のための予算再編成、授業再開に関することなどを決

めていった。建物、教室、施設の状況を把握し、復旧時期の目途を立てて授業再開に向けて準備した。

　災害対策本部のもとに課題ごとの班と責任者を置き、指揮命令系統を明確にした体制が整ったのは 4 月 20 日、体制の周知ができたのは 4 月 21 日だった。この 1 日のずれはどういうことか。会議で決まったことを知っているのは会議に出席していた人だけだったという笑い話のようなことが起きたのだ。それからは、会議後にかならず「災害対」という見出しで決定事項をメールで送信し、メールを見られない人のために本館ロビーに印刷したものを張り出した。私は学長室長として対策本部に入ったので、毎日対策本部会議の前後に担当部門に出向き、現場の情報を速やかに正しく収集し、決定したことは速やかに現場に正しく伝達することを心がけた。会議の決定事項は文書で伝え、やり取りはメモをとり、記憶違いのないように注意を払った。それでも伝言ゲームのようなことが起こることもあった。考えたら、こちらがメモを見せて確認しながら口頭で伝えたことを相手はメモをとっていなかったのだ。コミュニケーションの難しさを感じた。

　また、職員の食糧確保にも奔走した。発災直後は営業できない店が多かった。その後も数日間物流がとだえスーパーやコンビニの棚は空だった。昼食時に食事をする店もなく弁当を持って来ようにも食材を調達することができない。職員だけではなく、寮生や留学生の食材もなかった。熊本市外まで食料調達に行った。熊本市を一歩でると普通に生活していることに戸惑ったりもした。

　5 月 9 日、授業が再開できた。学生は普通に学べることがうれしいようだった。授業再開後も様々な問題があった。教室棟の 1 棟が、集中管理部分の破損によりエアコンが動かなくなった。季節柄これからはエアコンがなくては学生が体調を崩すおそれがある。地震で

助かった命を熱中症で落とすわけにはいかない。工事用の大型ファンを借り入れて教室に設置し、教室の学生のすべての机に"うちわ"を置いた。授業中の飲料水の持ち込みも許可した。教務部長のアイディアだった。倒壊の危険がある建物2棟を解体することになった。校舎が近接しているため騒音が発生する。解体工事期間の工程の周知と協力依頼、そして進捗状況を見ながら対応を相談し、なんとか授業と定期試験を無事に終えることができた。

　授業再開でともに苦労をした教務部長が「もう一度同じことが起きたら、もう一度同じことをするだけだ」と心強い言葉をかけてくれた。こんなことは二度とごめんだと思うのが普通だ。何が起きても冷静に対応すればいいのだ。経験を活かせばいいのだ。なんてかっこいい人なのだろうと思った。この苦労が報われるのだと救われた気持ちになった。

準備ができていることしかできない

　あるとき親しい教員から「職員の中に大石内蔵助はいたか」と問われた。普段は昼行燈のように目立たない職員が、地震のときは人が違ったようにてきぱきと動いているというようなことはあったかという質問だった。てきぱき動いているのは普段からてきぱき動いている職員だったと答えた。避難してきた地域住民を誘導したり、避難所で市役所との窓口になり、支援物資を調達してきたりして動き回っている後輩職員がいた。学生部門は部署がある建物が使用できなくなったが、学生対応のために本館会議室で業務を始めた。人事課は4月給与支給日に当たり前のように給与が振り込まれるようにしていた。教務課は使える建物で授業ができるよう授業時間割を見直し教室配当をやり直していた。それぞれの部署が自分たちでで

きることは自分たちで判断し、実行してそれを報告してくれた。判断を仰ぐべきところを間違えないことも肝心だった。

　福島大学から災害対策の専門家と総務部職員の派遣の打診があり、ありがたく受けた。安全確保、避難訓練、学園の避難所運営等への助言、学生ボランティアの指導などをしていただいた。そのときの助言のひとつに「準備ができていることしかできない」というものがあった。私たちは突然の被災で右往左往していた。気がつかないことも多く、素早く対応できないこともあった。そういう場面での助言だった。今できないことを気に病むことはない。準備していなかったのだから。でも今後に備えてこれからは準備ができる。防災に対する知識の習得、危機管理体制の整備、減災対策、備蓄、避難訓練などがそうだ。普段からてきぱき動くことも準備のうちだ。

　専門家の指導もあって、学園の避難所でボランティアをしていた学生たちが、避難所を閉じたあとも熊本県内の仮設住宅などでボランティア活動を始めた。学長から大学にボランティアセンターを立ち上げるように命じられた。学生のボランティア活動の基地にしたいと思った。学生の自主性を重んじ大学は管理しない。資金と場所を提供し、学生の安全を守り活動を支援するセンターを目指した。運営には職員 OB から大きな助力を得た。外部の補助金も積極的に獲得し活動資金とした。東北や神戸をはじめ全国の大学の学生ボランティアセンターと交流した。

　熊本地震の対応については、JUAM の九州・沖縄地区研究会で報告し、同年 11 月には JUAM 特別シンポジウムで報告する機会をいただいた。その後、多くの大学から職員研修等での事例報告の依頼があり、危機管理のお役に立てればと思い報告させていただいた。その際はできるかぎり後輩職員との合同報告の形をとった。後輩職

員は、後に防災士の資格を取得し今でも講演や執筆の依頼を受けている。

　被災直後から文部科学省、私学事業団、日本私立大学協会、大学基準協会などの関係機関から視察とお見舞いに来ていただいた。JUAM からは、会員からのご寄付を西川幸穂会長（当時）が直接届けに来てくださった。福岡にある私立大学の職員は個人的に支援物資を届けていただき、さらに学生とともに炊き出しに来ていただいた。多くの仲間からお見舞いをいただいた。北海道からも東京からもお見舞いに来ていただいた。心細いなか、暖かい支援が励みになった。感謝に堪えない。

物事に向き合う覚悟と実行する勇気

　2017 年、年が変わり熊本地震の対応も落ち着いてきたころ、2016年 4 月に就任したばかりの若い事務局長が心労のため出勤できない状況になった。事務局次長兼学長室長であった私は、代わりに決裁印を押すように命じられた。

　私は、若いころから常に上のポストを見ながら自分がその立場だったらどうするかということを意識してきたので、なれるかどうかは別にして事務局長になるつもりで仕事をしてきた。私にその力があるかどうかはときがくればわかるものだ。そう自分に言い聞かせてきたにもかかわらず、私より若い職員が事務局長に就任したときはショックだった。現実を受け止め、私はトップになる器ではなく補佐をすることが向いているのだと納得するのに時間はかかったが、ようやく吹っ切れた矢先のことだった。

　そうして、学長室長のまま事務局長代行を 3 か月兼務し、2017 年7 月、事務局長に就任することになった。60 歳まであと 3 か月とい

うときだった。事務局長の退職年齢は65歳なので、最長であと5年働くことになった。その年の9月に学校法人熊本学園の理事に就任した。

　大学事務局長も学長室企画会議の構成員だったので、学長の補佐は立場が変わっても続いた。熊本学園大学が大学コンソーシアム熊本（以下、コンソ熊本）の会長校であった時期に、文部科学省の補助金事業（私立大学等改革総合支援事業）のひとつであるプラットフォーム形成事業に、コンソ熊本を基盤とした取り組みを代表校として申請した。私は、コンソ熊本の会長でもある学長の補佐として企画、資料作成、案件説明を行い、また大学内での合意形成の補佐も行った。企画と資料作成の際は、任せた後輩職員たちが大活躍をしてくれた。その取り纏め作業もあり熊本県内の大学との交流は充実したものとなった。地域における大学の機能と役割を行政機関も絡めて考える機会になった。

　日本私立大学協会の九州支部事務局長会議でお世話になった九州地区、そして熊本県内大学の事務局長と事務局の主だった職員には特にお世話になった。また、女子会と称して熊本県内の女性職員ともよく交流した。

　同窓会とボタンの掛け違いが起きた。理想と現実のはざまで正義感から生じた誤解が増幅し、ことが大きくなってしまった。対応は大変であった。同窓会の会長交代にまで至るのだが、そのときに出会った同窓会の先輩方から感動にも近い学びがあった。物事に向き合う姿勢を見せてもらった。責任ある立場では覚悟をもって仕事に取り組む姿勢と実行する勇気が必要なのだ。これは言葉ではなく私が強く実感したことだ。大事でも小事でも、結果が怖くても勇気をもって進まなければならないことがある。闇雲でもだめだ。きちん

と準備をしたらあとは実行する勇気だ。それが責任というものなのかもしれない。

結果をだすこと

　熊本学園では法人事務局長が任命されておらず大学事務局長が法人の業務も担っていた。私立学校法の改正に伴う寄附行為の変更、学園理事と評議員および監事の役割と責任の明確化、ガバナンスの強化、次期中長期経営計画の策定、内部質保証の体制整備と運用などに取り組んだ。

　対応すべき課題は沢山あった。労働法等の改正への対応、事務局の改革、意識改革と組織改革、人事制度改革などに取り組みはじめた。働き方改革で超過勤務時間の削減、休暇取得率の向上がクローズアップされ職員は疲弊していた。そう簡単に人は増やせないので働きやすい職場を実現するには生産性を上げ、無駄をなくして効率的な仕事をすることが考えられる。職員が持てる力を十分に発揮できる職場、それには人材育成だ。力がつけば楽になるはずだ。働き甲斐があるはずだ。年功序列という考え方を変えていこう。職員に求める水準を明示して達成度を評価する。求める水準には能力や技術だけではなく考え方も重視する。自分に自信と余裕があれば他者にも余裕をもって接することができる。組織と個人のベクトルをどう合わせるか。大学の機能と役割、地域での立ち位置などを踏まえ、目指すところを示して共有すればおのずと何をすべきかわかるのではないか。そのためには自分にはどんな力が必要かわかるのではないか。理想をどうやって制度に落とし込んでいくか色々と考えた。しかし準備に時間がかかった。在職中に実現することはできなかった。

組織のなかでは、それぞれの段階で役割と責任が変わる。その責任のもとに結果がだせたか。事務局長としては否。これまでに体験した組織一丸となって取り組んだときに感じた一体感、緊迫した環境で成しえたことが平常時にできないのはなぜか、ずっと考えてきた。明確な指揮命令系統の確立と的確な指示が常にできていただろうか。

　コロナウイルス感染症の波がきた。感染拡大による緊急事態宣言を受け、国や熊本県のガイドラインに沿った対応の必要性から再びの危機管理体制をとることになった。対策本部を立ち上げ、感染防止対策、授業対応、学生対応などを対策本部主導で判断していくことになった。人と人とが密になれない環境でのコミュニケーション不足を痛感した。

　事務局長の期間、民間企業から中途入社した先輩が法人の役員として残り、ともに業務にあたったのだが、その先輩から経営ということを教えてもらった。教えてもらったというより鍛えてもらったというほうが正解だろう。財務、組織の将来を見据えた経営目標、組織運営、改革の必要性。そして、常に「結果をださないといけない」と言われ続けた。60歳をすぎて鍛えられた身としては、これまで自分は何をしてきたのかと落ち込みながらもありがたいことだと素直に感じた。人の気持ちがわかる人だが、それだけに厳しかった。厳しいところを歩んできた人ゆえに歯がゆかったのだろう。上に立つことの孤独と厳しさも教えてもらった。そして愚直であろうと思った。民間企業と非営利企業の違いはあるが考え方の基本は同じだ。出身校に就職し、そこから外にでたいと思ってでたつもりが大学業界にいただけだった私は、さらに外の世界を知り、地域社会における大学の立ち位置などを別の視点で捉え、学生をはじめ学ぶ人たちのために何ができるのかもう一度考えたいと思うようになった。

おわりに

　令和 2 (2020) 年 8 月に学長が交代し、私は教学運営体制刷新のなかで年度末に退職することになった。昭和から平成、令和にわたって約 40 年働いた。仕事が趣味だった。苦しいこともあったが楽しかった。学生や後輩職員たちが成長することがうれしかった。大学人の仲間たちには感謝を申し上げたい。また、思い切り仕事をさせてくれた家族（夫と息子）にもお礼を言いたい。家族に頭を下げてお願いしたことは 2 度ある。1 度目は大学職員「人間ネットワーク」の初回の会合で名古屋に出向くとき。2 度目は管理職になったとき。きちんと仕事に取り組みたいので残業や急な会合などで帰宅が遅くなるとき特に連絡をしないということを了承してもらった。

　そして悔いはないが反省することは大いにある。覚悟と勇気をもってことに当たれたか、働く人の心が理解できていたかということだ。

　組織は個人の誰かがいてもいなくても動くものだ。しかし個人の存在意味はあるし、大きい。それはそのときその組織がどう動いたかということにあると思う。良くも悪くも。だから最後は、結果も含めて「そこで何をしたか」なのだ。

西 直美（にし なおみ）

1957 年生まれ
1980 年 熊本商科大学（現・熊本学園大学）経済学部卒業
1994 年 熊本学園大学大学院経済学研究科経済学専攻修士課程修了
　　　　修士（経済学）
1980 年に学校法人熊本学園熊本商科大学（現・熊本学園大学）に採用される。その後、計算センター、教務課での勤務を経て 2004 年に教務課長、2013 年に総務部長、2014 年に事務局次長、学校法人熊本学園の評議員となる。2016 年に学長室長を兼務。2017 年に事務局長となり、同年 9 月に学校法人熊本学園の理事となる。
2021 年 3 月に退職

熊本学園大学
　熊本県熊本市に本部を置く。1942 年創立で、1954 年に大学を設置している。商学部、経済学部、外国語学部、社会福祉学部の 4 学部からなり、学生数は 5000 人である。建学の精神は、開学以来、「師弟同行」、「自由闊達」、「全学一家」である。「師弟同行」とは、開学時、教師と学生が一緒になって校地を開墾・開拓したことに由来するもので、教育・研究上、教師と学生は同じ人間として規範を一つにして学ぶことを意味する。「自由闊達」とは、全構成員がのびやかに自由な雰囲気のなか、教育と勉学に勤しみ、明朗闊達で自由な創造的人間を目指すもの。「全学一家」とは、教職員学生一体の学風を意味する。

「頼まれたら断るな」の職員人生

西川　幸穂

はじめに　～私の大学職員としての生き方～

　私に、「大学職員としての履歴書」を書いてもらえないかというお話を、ウニベルシタス研究所の大工原孝所長からいただいた。ご依頼は光栄以外の何物でもない。私自身は「誰かに評価してもらいたい」「認めてほしい」などという承認欲求が基本的に弱く、少なくとも自覚がない。なのに、私は「即決」でわかりましたと述べている。いったいどういうことなのか。

　大学職員の後半、のちに述べる「職員人生三分論」の最後のステージは、ずっと人事・総務畑で仕事をさせてもらった。特に人事課、人事系業務での経験が長く、それが職員人生でいうと後半で管理職であったこともあり、私は様々な職員研修などで挨拶をしたり、講師をしたりする機会が必然的に増えた。そのことは後に触れるが、常に最初に私のいわば自己紹介として述べていることがある。

　そのひとつは、「頼まれたことは断るな」である。自分が手を挙げなくても、周りに求められていることには誠実に応えるべきである、ということである。ここには私の性格が現れていると自覚している。私自身はもともと「やりたいこと」が明確で、積極的に手を挙げて物事に取り組むというタイプではなく、「やってみないか」と言われたり、「西川くん、頼むよ」と求められたりしたときに、それを引き受ける中で、様々な面白い出会いやチャンスにめぐり会ってきた。その意味で主体性のある、行動力のある人ではなく、むしろ、受け

身ではあるが、それを受けたことが自分の主体確立、自分らしさの形成になってきたように思う。なので、いつもこう続ける。「頼まれる」ということは「頼られている」ということ。周りが必要としてくれている、これはとても人間にとっての充足になるし、その期待に応えたいというのが、人間らしい行動だと。そして、さらに続ける。頼まれる、すなわち自分が手を挙げたのではなく、相手が頼んできたのだから、あまり構えずに自分らしく取り組めばよいのだと。実はこれは言い訳でしかないのだが、私のようななんでも積極的に行動していくタイプではない人間が、その人らしく職業人生を歩んでいくための、ひとつの考え方だったのかもと振り返る。

　そもそも私は中高の社会科教員を目指していた。当時社会科教員は採用難でなかなか採用される環境にはなかった。そこで私の信頼する職員の一人であり、学生時代からお世話になってきた川島正彦さんが「職員を受けろ」と誘ってくださった。この誘いがなければ職員にならず、教員採用試験の勉強を続けていたかもしれない。しかし、いま思うにこの私の性格は教員に向いていただろうかと。その後も教員を目指したいと考えていたが、今考えると職員は適職だったのかもしれない。

　関連して思い立つのは、人事部で職員研修を行っているときに、私の上職であった担当理事は、よくこんな質問をしていた。「あなたは、何人かのチームの一員であるときに、組織を率いていきたいタイプですか？あるいはその人を支えていくタイプですか？」と。当時から担当理事は、前者のタイプが育っていないと考えておられた。確かに会社に就職する際に「社長になります！目指します！」というタイプはいるかもしれないが、「学長になります！理事長になりたいです！」という職員はあまり聞かない。私は後者のタイプだったので、いまなら職員に採用されていないなと感じたことを思い出す。ただ、当時話していたことは、どういう人材が必要か？というのは一色（ひといろ）ではなく、多様な人材がこれからは必要、そのと

きにリーダーになっていきたいという人も必要ではないか。それは
そのとおりであり、それはいま言われているダイバーシティの一つ
かもしれない。

　話は戻るが、「頼まれたら、断るな」。これは私が職員人生生涯に
わたって大切にしてきたことである。確かに、何人もの人に「西川
さんは頼まれたら断らないんですよね」と言って、無理難題を持っ
てこられた方もいた。しかし、これが私にたくさんの可能性や出会
い、場所を与えてくれた。この原稿依頼もまさにそのひとつと考え、
私のチャレンジへの誘いとみて取り組むことにした。

　チャンスは取りに行くものとも言えるが、実はいくらでもあると
いうことである。活かしているかどうか。私は恵まれているのかも
しれない、とも思う。が与えられたチャンス、つまり頼まれたこと
を断って逃してしまう、チャンスをチャンスとしてとらえないで、
流してしまっている人もたくさんいるのではないか。

職員人生をどうみるか －末川先生の「教え」から

　立命館といえば、末川博。こんなふうに思われるのは、もう圧倒
的に年配の方々が多いであろう。実は私の父は立命館の二部（夜間
部）経済学部の出身、そして私の愚息も経済学部に入学し、びわこ・
くさつキャンパス（以下、BKC）で学んだ。父は 94 歳になったが、
立命館が大好きであり、その背景には末川先生の存在がある。末川
先生というと岩波新書「彼が歩んだ道」が有名であるが、私にとっ
ては「三」にこだわった教えが 3 つあり、そのひとつが「人生三分
論」である。

　人生の最初の 1/3（前期）は、「人に世話になる」、人に教えてもら
う、人の支援で生きる期間、真ん中の 1/3（中期）は、「人のため世
のために尽くす」、学んだことを活かす、そして最後の 1/3（後期）
は「自適」の期間、つまり自らの思うままに生きる期間だというこ

とである。末川先生ご自身の自適の期間は、70歳まで総長を務められたので結果として短かったのかもしれない。

　これを私の職業人生に置き換えてみた。私は、立命館大学を卒業して新卒で大学職員になった。最初の約5年が学生部厚生課、そしてそのあとが調査企画室からBKC開設事務局につながる職場に異動してここで約5年、そしてBKC開設と同時にこの職場を離れ、広報課が10年、この後半6年は課長を務め、その後は60歳の定年に至るまで人事課にはじまる人事・総務関連の職場になった。率直なところ自分を振り返ってみると、学生部厚生課からBKC開設事務局までのおよそ10年が「前期」に相当し、そのあとの広報課での経験と、人事・総務の仕事をしたのが「中期」、そして部長に昇任し、総務部長、人事部長となり、その後総務担当常務理事としての約4年間、クレオテック社にお世話になっている期間は「後期」にあたるように思う。もちろん職業人生なので「後期」は「自適」ということにはならず、次の世代にバトンをつないでいく役割とでもいいかえることが適切である。職業人生の振り返り方はいろいろあると思うが、三分論で振り返えることとしてみた。

　「三」に関わる残りの2つの話しにも触れておきたい。そのひとつが「三ん主義」である。3つの「ん」、すなわち「運（うん）」「鈍（どん）」「根（こん）」である。この機会にいくらか調べてみると、末川先生は「運・鈍・感」だと言われたと回想されている文献もあるようであるが、すなわち「運」はめぐりあわせや出会いを大切にすること、「鈍」は慌てずこだわりをもってじっくり考えること、「根」は粘り強く生き抜くことである。末川先生は、「感」を強調され、心を動かされる感動とそれに気づく気持ちを、表現されたようである。これは私が仕事に取り組むときの姿勢として通したことのひとつである。

　もうひとつの「三」は「隣の三尺」である。門掃きをする際は、お隣の家の前は、三尺程度にすることが、相手を思いやる気持ちと

お節介との境界で、適度な付き合い方というものがあるということである。社会人が仕事をするときに、あるいはチームで何かを実現するときにお互いを尊重しあいながら協力するときの関係性の取り方は難しいものであり、たとえば教職協働、職場内でのチーム力向上、産学連携などもそういう面があるかもしれない。ただお断りしないといけないのは、この3つは、実は私が父から「末川先生が言われていたことだ」と聞いていたが、いまになって調べてみると、「隣の三尺」はそのような話をされたという情報には行きあたらなかった。

　いずれにしても、履歴書をまとめるのは、結局のところ、最も自分のためになるのだということを象徴する話である。よくいろいろな場所で研修の講師を仰せつかったが、その際にも受講生にお話ししたことの一つが、この研修の準備に自分が時間を割き、話すことをまとめようとする、つまり誰よりもまず講師にとっていちばんの研修になっているということである。だからこそ「頼まれたことは断らない」は大切なのだと言い聞かせている。

なぜ「本気で」職員として頑張ろうと決めることができたか

　職員人生の振り返りは、三分論、つまり、私の職員人生の前期・中期・後期に分けて語ることとするが、その前になぜ職員になったのか、ということを記しておきたい。

　先にも述べたように私は中高教員志望であった。私は職員に採用された時、職員になっても教員採用の勉強を続けられると考えていた。もちろん採用された際に、当時の職員課長（現在でいう人事課長）に対してそのようなことを申し上げたことはない。また私の性格上、仕事が与えられると真面目に取り組むタイプなので、そのようなことはおくびにも出さず、仕事をしていた。周りの先輩職員にも恵まれ、仕事はとても順調であったが、そんなときにある転機が

訪れる。

　最初の職場であった学生部厚生課で奨学金業務を担当していたとき、ある学生が大学独自の学資貸与制度（当時）の相談にきた。日本育英会（現在のJASSO）の奨学金の成績基準に達しなかったことから、大学独自の制度への応募を希望しての相談であった。家計急変など緊急性があるものを除き、当時は募集時期が決まっていたが、当該の学生は基準でいうと、募集時期ではなく、家計急変なども認められなかったため、この制度の適用は難しいという説明をした。

　このとき、学生は、「自分はなんとかぎりぎりまで自分で努力し、やってきたがもう限界にきた。授業も十分出られないままアルバイトで生活を守ってきて、成績も芳しくないのは事実だ。（一時期体調を崩したと言ったように思うが、）何とか乗り切って大学を卒業したいと思って相談にきたのに」と言うので、私はルールを説明して納得させようとしていた。それを聞いて当該の学生から発せられた言葉は、「大学は私に勉学をあきらめろというのか！」であった。「ルールを聞いていない。何とか大学を続けられる方策はないかと相談しているのだ！」と言われたのだ。

　当時の私は、まともな対応ができなかった。学生が求めていることに答えず、制度の正確な説明に終始したことを恥じた。学生に非がないとはいえないものの、学生に寄り添う対応ができていない。そもそも大学の持つ制度は絶対なのか、正しいのか。もっといえば制度が不十分であればそれを変えてでも適用の道を開く、あるいは他の方法を紹介することもできなかったのか。あれほど真剣に切羽詰まって大学に相談に来ている学生に、こんな対応でいいのか。この経験は、私の職員としての原体験である。その学生は怒って帰ってしまい、その後どうなったのか、追いかけることもしなかった。ここで私が強く決意したことは、「学生が本気で頑張ろうとしているのに、職員である私はこれでいいのか」ということであった。さらに私は、できれば教員採用試験を受けて転職したいということを考

えて、仕事をしていること自体を恥じることに至った。職員として頑張ろう。この学生が私の職員人生を決めたともいえる出来事である。1985 年 4 月の就職であったが、本気で立命館の学生の支えになろうと堂々と言える気持ちになったのは、半年くらいたったこのときからであると今でも思っている。

　そしてある時、当時の総務財務担当常務理事（当時は職員トップのポジション）であった川本八郎氏がこんな話をされた。川本氏も職員になったときに「腰掛」のつもりであったが、教員に比して職員に日が当たっていない、重要性の認識が弱いと感じたことを契機に、職員も教員に負けない、別の在り方としての大学への貢献ができると考えて、本気で仕事をするようになったと。人には言えなかったが、あの偉人である川本氏でさえそうだったのだと聞いて、自分だけではないのだ、自分もこの大学・学園の役に立てるかもしれない、そう思えるようになったことが、職員人生への本気度を高めたように思う。

　ただ今から思えば、これも出会いである。相談に来てくれた学生、そしてそのあとの川本氏の話は、大学と私との距離を大きく縮め、そして立命館のことを、いまの言葉でいう「自分事」化した大きな契機であった。そんなこともあり、その後も川本氏から話される言葉は、一つひとつ、私の中に刻み込まれ、職業人生を描く大きな助けになったと言っても過言ではない。

前期　－人と仕事に恵まれた職員としての成長期
－OJT の 3 か月で様々なスタイルの職員を知る

　私が職員になった当初は、7 月の正式配属までに経営学部事務室、学生課、学務課の 3 つの職場で約 2 か月間の職場体験を積んだ。最初の経営学部事務室では、後に総務部長となる伊藤昇氏のもとで業務の基本を学んだ。伊藤氏は働き方改革が叫ばれる時代ではありえ

ないかもしれないが、終業時間後もひとり静かに残務をこなしており、その姿勢を見て、私は職員としての仕事への取り組み方に感銘を受けた。

次に配属された学生課では、若手のシャープな課長である木野明氏から「職員は層で学生をとらえる視点が重要であり、実態分析を政策化できることが重要である」と教えられた。学生実態調査の結果をもとに施策を考えることの重要性や、学生と仲良く見える職場でも緊張感を持って対応する職員視点を学ぶ。

最後に配属された学務課では、教学系の雑多な仕事の中で学園通信の編集作業に携わる。課長だった西川賢氏が手書きで議事録を迅速に文章化する姿に、事務職員としての能力に感銘を受け、修正すると多大な労力を要する環境で効率よく議事録を作成する能力に驚かされ、職員の仕事の重要性を再認識した。

こうして3つの職場で学んだことは、その後の仕事や人間関係に大きな影響を与える。それぞれの課長からも可愛がってもらい、経験が大いに生きた。特に、西川賢課長とは帰りのバスで偶然一緒になり、「元気にしているか？同じ西川のよしみでちょっとビールを飲んで帰ろうか」と誘ってもらったことが思い出深く、それ以来「西川 Jr」と呼ばれるようになった。これらの経験が私の職員生活において非常に大きな財産となった。

「奨学金の有利子化反対」の先頭に立つ最初の課長

本配属は学生部厚生課であった。学生部は、過去には学生課、厚生課、就職課の3課体制だったが、就職支援の強化により就職課は独立し、2課体制となり、私はそのうちの一つに配属された。最初の担当業務は、日本育英会奨学金以外の財団や自治体の各種奨学金と生活援助金の取り扱いで、この業務を通じて奨学金の基本的なしくみを学ぶことができた。仕事自体は普通だったが、最

も驚いたのは課長の伊藤昭氏の存在だった。後に財務担当常務理事やAPU副学長、クレオテック社長も務めた方で、正しいと思うことはとことん実行する方だった。特に、日本育英会の奨学金に有利子が導入された際には、その反対運動の先頭に立ち、自ら足を運び、労働組合などとともに「奨学金に有利子などありえない」と主張し、法令改正にあたって国会の参考人にもなった。業務の範囲を超えることもあり、年休を取って辞表を出して国会に行ったという話を聞いて、その行動力に驚いた。職場では基本実務はせず、新聞記事の切り抜きや本を読んで考えを練ったり、出張に出て見聞を広げるという独自路線の課長だった。面白いことに、その下で実務は課長と関係なく回っており、それを進める課長補佐がいた。こうして他の先輩たちと「課長批判」をしながらも、楽しく仕事ができていた。

「学生のために」を考える
－窓口に学生がたくさん来る方がいい？

　「関関同立」と言われる四大学の厚生課は、年に数回の情報交換や若手の研修に共同で取り組んでいた。当時の厚生課の三大業務は奨学金、下宿斡旋、アルバイト斡旋だった。伊藤昭課長は、奨学金業務を柱にする方向を示し、下宿斡旋は生協に、アルバイト斡旋は京都学生相談所に移管する方針を取る。この方針は関西四大学で話題となり、学生の実態把握が困難になるのではないかという指摘もあったが、伊藤課長は「全く関係ない」と断言した。彼は、学生を個ではなく層で把握し、その層に対する施策を打つことが重要だと説明した。また、アルバイト斡旋や下宿紹介は社会的にあふれており、そのノウハウを活用することが学生のためであり、トラブル時の支援が学生部の役割だと提起していた。職員には仕事を減らすことへの抵抗もあった。また大学は「自前主義」の考え方からサービ

スを全て自前で行おうとする傾向もあった。しかし、今日では下宿
斡旋やアルバイト紹介を自前で行う大学は少数であり、何か問題が
生じたときに相談体制を持っていれば、業務の質と満足度の向上に
つながると考える方向性は間違っていなかった。

　その後、厚生課はセミナーハウス業務の受け入れや学寮の整理の
窓口を引き受けた。これは重い業務だが、学生の実態にふさわしい
厚生援助のしくみを創設する視点から考えれば当然のことである。
私は就職後、学生課の業務が学生から感謝されることが多く、厚生
課の業務と比べて羨ましく感じることもあったが、厚生課で働く中
で「仕事を学生中心に考えること」が重要であり、学生生活の満足
度を高めることや、卒業生の活躍を支えることが職員の醍醐味であ
ると考えるようなった。これが「学生を大切にすること」の具体化
のひとつだったのだと、いま振り返っている。

大学人以外と仕事を経験したこと

　厚生課での 5 年間のうち、最後の 2 年間は奨学金業務のシステム
化に携わり、日本育英会の奨学金業務も経験した。この業務では、
大学職員として内向きな視点のみではなく、外部の SE やシステム
インテグレーター (SI) と協力する必要があった。私が奨学金シス
テムを「奨学生システム」と呼びたいと考えたのは、奨学金の合理
的な計算だけでなく、奨学生にとってのメリットを重視したかった
からだ。一方、SE やシステム会社の方々は結果にこだわり、大学職
員はプロセスにこだわるという違いを感じた。例えば、奨学金選考
のプロセスをそのままシステム化しようとした際、SI の方が「この
帳票、止めませんか」と提案し、その発想に衝撃を受けた。SI の方
が示唆したのは、システム化はコンピュータに載せるだけでなく、
業務の見直しも含むということだった。私は最初、なぜシステム開
発業者の意見に従わねばならないのかと反発したが、先輩職員から

「新しい発見を学ぶ機会だ」と諭され、結果、外部の視点を取り入れることの重要性に気づかされた。

　「制度に合わせたシステムを作るのか、システムに適合できる制度にしていくのか」という論点は常に存在し、大学の「自前主義」が邪魔をすることもあった。しかし、既成のソフトに合わせた方が合理的で質が高いサービスを提供できる場合も多い。世界や社会の動向を見極め、最も合理的で質の高いサービスを追求するためには、外部の視点を取り入れることが不可欠である。現在所属している大学事業会社では、その役割を担うことが大切と強く実感している。

立命館で働いていてよかったと思った瞬間

　大学職員として数年間、多くの研修などに参加したなかでも、特に立命館生協の役員を務めた経験が印象深い。大学生協は食堂、購買、書籍、トラベルなどを担当し、厚生課の業務とも密接に関わっていた。大学生協は毎年学生生活実態調査を行い、他大学との比較も行っており、これらの情報を参考にしていた。前述の伊藤昭課長や他の職員の影響で大学生協の理事を引き受けることになり、職員の視点だけでなく、学生の消費生活の視点を学ぶ重要性を感じた。

　生協の職員は大学職員とは異なる業界目線を持っており、それぞれの専門分野から大学生や教職員にフォーカスしていた。例えば、食堂の調理人、書籍専門家、物販の担当者などがそれぞれの視点で大学生活を応援しており、大学は多くの人々の力で支えられていることを実感した。この経験から、清掃担当者や設備保守管理者、地域の店舗の方々などにも同様のことを感じた。後年、理事長となられた川本八郎氏が新年の互例会で協力企業の方々に「大学には様々な人が働き、違う役割を果たしてもらっているが、全員に共通するのは学生のために頑張っていること」と語り、その言葉に感銘を受け、大学にはいろいろな考えや立場の人がいるなかで、共通点を基

軸に考えることは、私の職員としての思考や発想のベースとなった。

　他大学の方から、トップが現場を信頼していないという話をよく聞いたが、川本氏は厳しい語り口ながらも学生への愛情を常に示しておられ、それを聞いた他大学の職員がそのようなトップを羨ましく思うなかで、私は立命館を誇りに思い、身を置いてよかったと感じた。

　このような経験を通じて、学生を大切にするとはどういうことかを常に考え続ける職員でありたいと心に誓った。これらの経験は、職員としての成長とともに、大学生活を支える多くの人々への感謝の気持ちを深めるものとなった。

はじめての人事異動　－BKC 開設事務局へ

　立命館で新任職員は通常 4 年で異動するが、私は 5 年で BKC 開設事務局の前身である調査企画室に異動した。その際、上司の三上宏平課長から「厚生課では中心的な役割を果たしていたが、ここでは新人のつもりでやってくれ」と言われ、慣れから生じる緩みを指摘された。当時、専任職員数は 400 名ほどで 1 キャンパスに集中しており、課長は若手職員をよく観察していた。その後、広報課に異動し、90 歳を超えた文字学の大家である白川静先生と話す機会に「老化は緩慢から始まる」と指摘され、自分の仕事への姿勢の緩みを自覚し、慣れや慢心に注意することの重要性を学んだ。こうして、総合企画室での新たな業務が始まり、第二の新人として挑戦することになった。

委員会事務局という仕事

　調査企画室で私は、衣笠キャンパス再整備の委員会事務局と BKC 開設準備のための企画委員会事務局を担当した。前者は主担当で、

後者は 2 人の先輩職員と共に担当した。これらの委員会は学部代表の教員や関連する分野の専門家教員が中心で、職員は部次長職が 2 ~ 3 名が委員として参加していた。

　立命館では職員が委員として運営に参加しているとよく言われるが、私が関わった会議では職員が主導的な役割を果たすことは当時少なかった。事務局としての初めての経験であったため、必死にノートを取り、議事メモをまとめることが大きな仕事だった。

　しかし、この種の会議は委員長が教員で議論も教員中心で進められ、しばしば「今日はこのへんで」と終了し、「何が決まったのか？」と思うような内容だったので、議論が深まるが決定に至らない印象を受けた。それでも三上宏平課長は会議終盤で「今日はこれとそれとあれを確認いただいたということで、委員長よろしいですか？」と上手に聞き、委員長が「そうだね」や「ひとつめはそうだが 2 つ目は継続審議だ」と答えることで会議が散会となった。三上課長は「事務局とは聞いたことをまとめるのではなく、決めなくてはならないことについてどういう状況にあるかをまとめるのが仕事だ」と教えてくれた。

　また、「我々が作成しているのは議事録ではなく議事メモなので、会議設置の目的に対して何が決まり、何が論点になったかをまとめることが重要だ」とも言われた。この経験を通じて、私は会議の事務局としての参画の仕方を学んだ。必死にメモを取るだけではなく、事務局職員は次の会議の論点やそれに必要な資料をイメージし、まとめていくことが求められるのである。この学びは今後の職員生活に大きな影響を与えるものだった。

自分の故郷にキャンパスをつくる　－滋賀に立命館を

　衣笠キャンパス整備の他に BKC 開設の取り組みも担当した。先輩である川口潔氏が教学系や学生生活系の仕事を、もうひとりが施

設系や情報基盤系を担当していた。川口氏は私のロールモデルであり、彼の働き方や人間関係の築き方に大いに影響を受けた。彼は私が厚生課にいたときに隣の学生課で学寮の担当をされていて、政策面ではしっかりと理屈付けする一方で、現場にいる寮生からは学生に寄り添う職員としてとても信頼されており、職員のビヘイビアという面では彼から学んだことがその後の基礎になった。また私は滋賀県大津市の出身でもあり、立命館大学が地元にキャンパスをつくるという壮大な事業に関わることは大きなモチベーションとなった。

1991 年から BKC 開設事務局に専念し、私は他の職員 3 人とともにキャンパス開設準備業務を担当した。後輩職員ができたことで成長の機会も得た。後輩に対しては教えるというよりも意見を引き出すような話し方を心がけた。キャンパス開設準備はマニュアルがなく、理工学部の引っ越しや地域との連携など新しい経験ばかりだった。

地域の方々にとって大学は敷居が高く、最初は「迷惑行為がないか」と「商売の対象になるかどうか」が関心事であった。しかし、次第に地域連携が進み、学生が地域の祭りやイベントに参加するようになり、2022 年度から始まった「BKC Welcome Day」では 1 万人を超える市民がキャンパスで過ごし楽しむ機会が実現した。また理工学部の引っ越しには、新進気鋭の移転担当主事の先生が教員と事務局をつなぎ、ベテランの先生が移転の実施段階で要望を調整してくれた。1993 年 12 月 3 日、竣工式が行われ、川本専務理事（当時）が尽力した関係者に感謝の言葉を述べられたとき、私は胸が熱くなった。

このプロジェクトを通じて、マンション建設の相談から地域の不安まで多様な声を聞くこと、先生方の要望に応えることなど、大学職員としてのさまざまな経験を積むことができた。これらの経験は私の職員人生を豊かにし、成長させてくれた。

キャンパスって何だろう
－キャンパスコンセプトを考える

　コロナ禍を経て、リアルキャンパスの意味が再び問われるように
なった。その約30年前、京都市内の衣笠キャンパスから理工学部を
滋賀県草津市に移転させる際、キャンパス設計の重要な要素につい
て考えるため、東京の郊外に展開する多くの大手大学のキャンパス
を訪問した。各大学は都心とは異なるコンセプトを持ち、特に郊外
では学生の「賑わい」が重要だと感じた。そのため、学生が集う施
設をキャンパスの中央に配置し、図書館棟や学生・厚生棟を中心と
する設計にこだわった。　また、歩車分離の設計を採用し、広大なキ
ャンパスにおいて自動車の乗り入れを外周道路に制限し、人々が安
全に移動できる環境を目指す。限られた財源の中で、オフィス仕様
と実験施設仕様を差別化することで、工費を抑えつつ使いやすさを
重視した。こうした取り組みは、新しいキャンパスづくりに貢献し、
この取り組みへの参画は、教員と職員の距離を縮めるとともに、新
しいキャンパスづくりのモチベーションをいっそう高めた。

　しかし、30年の月日が流れ、キャンパスに対する考え方は大きく
変わった。自宅生比率が高まるとキャンパスに滞在する時間が短く
なり、課外活動も不活発になる傾向がコロナ後に顕著に現れたよう
に感じる。オンラインとの併用により、キャンパスの在り方が再び
問われている。図書館にはラーニングコモンズなどができて雰囲気
が変化した。これからも、キャンパスという学生文化の象徴をどう
プロデュースし、継承していくかは職員の新たな仕事となるだろう。

次の展開が待っていた　－君は京都に戻れ

　私はBKCの開設、学生で賑わうキャンパスを楽しみにして仕事
を続けてきた。しかし、竣工前年の12月中旬に行われたBKC勤務

の内示が行われた際、私は呼ばれなかった。そして翌日、当時の総務担当常務理事でもあり、BKC開設事務局長であった吉田幸彦氏から「君は京都に戻れ。BKCには来てもらわないことにした。3月1日付で広報課に行ってくれ」と告げられた。私は驚きと失望で絶句し、唯一「なぜですか？」と尋ねるのが精一杯だった。常務からは「君は違うことをやったほうがいい」とだけ言われ、しばらくの間落ち込んでいた。この異動は、せっかく取り組んできたプロジェクトの完成を見届けることなく、無情で酷なものであると感じた。

　何年か経ってから、その常務に「君はBKCのキャンパス管理業務はできただろうが、職員はできることをやるのではなく、まだできないことに挑戦することで成長する。広報課に異動してよかっただろう」と言われた。この言葉には当初納得出来なかったが、その後私が人事を担当するようになり、職員の人事異動を考える際に、この常務の言葉を実践している自分に気づいた。すなわち、「目標達成が見通せたら、すみやかに別のところに異動して新たな挑戦に取り組むことが成長の場の提供である」ということである。この経験を通じて、私は「人事の妙」を理解し、自らの歩む道が次の新たな仕事につながることを実感した。結果として、私はジェネラリスト的な道を歩むことになり、それが私の唯一の強みとなった。

中期 －未知との闘いを走り抜けた時期
晴れか大雨の広報課 －広報という仕事

　ここまでで、私の歩みはおよそ10年。広報課に異動したのが33歳であった。そのときはあまり意識しなかったが、広報課では中堅職員としてのポジションが待ち受けていた。職員人生三分論の「中期」に入っていく。

　1994年3月、私はBKCを後にして衣笠キャンパスの広報課に異動し、学園通信の作成に携わることになる。課長は出版業界出身の

近森節子氏で、新卒で採用となった私とは全く異なるバックグラウンドを持っていた。1年ほど経過した後、私は課長補佐に任命され、学園通信の編集に加えてマスコミ対応も行うことになる。特にマスコミ対応は、自分のペースで仕事が組み立てられず、結果もコントロールできないため、以前の仕事とは大きく異なり苦労が絶えなかった。

　学生の活躍が新聞やテレビに取り上げられると喜んだが、不祥事や事件で深夜までマスコミに追いかけられることもあった。まだ携帯電話が普及しておらず、ポケベルが主流の時代だったが、記者たちから学んだ最も重要なことは、プロ意識であった。自分の仕事に誇りを持ち、スタンスを崩さない姿勢にある意味共感し、時には意気投合することもあったが、厳しく指摘されることもあった。

　思っていたことと違う記事が出て、学園の役員から叱られることも日常茶飯事で、天気で例えるならば「晴れか大雨」という毎日だった。それでも、記者たちの持つ視点やプロ意識にはしばしば感銘を受け、「この記者、やるな!」と感心することが何度もあった。新卒で職員になった私にとって、奨学金システム開発で出会ったシステム系の企業人や、BKC開設業務で出会った地元の人たち、広報課で出会った記者たちは、私の持っていない視点や感覚を持っていた。

　学生との応対経験は減ったが、学外の人たちとの付き合いが増え、多様な価値観に触れることで自分自身の成長や業務に向き合う姿勢に大きく影響した。広報課では毎日がハラハラ、ドキドキの連続で、刺激的で充実した日々を過ごした。記者たちに「なるほど」と思わせる対応をすることは難しいが、その挑戦が私を成長させたのだと感じている。

とんでもない指令 ―トップとの距離感

　広報課での仕事は、法人・大学トップとの距離感の近さやその視

点を痛感する日々だった。ある時、新聞の全面広告を出す際、デザイン案を持って当時の理事長であった川本八郎氏を訪ねた際、彼から「この広告でうちの学生や父母は喜ぶのか？」と尋ねられた。広告の意図や内容は十分議論していたものの、デザインの良し悪しに偏っていた私は、川本氏から「学生や父母が喜ばないものなら、止めろ。これは学費だぞ！」と"激励"を受け、常に原点に立ち返る重要性を学んだ。

　また、経済・経営両学部のBKC移転に関する記事が地元紙にすっぱ抜かれた際、広報課は全員顔面蒼白になった。学内の会議や地域・父母への説明がまだ進んでいない時期での報道に、役員から「輪転機、止めてこい！」と言われるほどの激怒を受けた。このような出来事を通じて、トップは全体を俯瞰してことの本質やその重要性を見抜く力を持ち、これはまさに原点に立ち返る力であると実感した。トップは山頂から全体を見渡す視点を持ち、課長である私は五合目（中腹）から現場の景色を見ているという比喩の通り、それぞれの視点が異なることが大切で、どちらが正解というものではない。重要なのは、それぞれが自分の役割を果たすことで、大学・法人の適切な方針を定めることができるということだ。川本八郎氏は「トップにいる者が大きな方向性を提示せずして、誰ができるのか。しかしその方向性は、教職員の力なしには具体化しない」と語っていた。広報課での経験は、トップとの距離が近く、その後の自分の仕事観を形成する上で大きな意味があった。

　これらの経験を通じて、私はトップの視点やその重要性を学び、広報課としての役割を果たすことの意義を深く理解した。

助けてくれる人はたくさんいる　―コミュニケーションがすべて

　広報課におよそ約10年間在籍していたが、その間、前半3年間は課長補佐、後半の6年間は課長職を務めていた。学園案内の制作や

マスコミの取材対応など、緊張感の高い業務に携わっていたが、広報の知識が長けていたわけではなく、人の力を借りて形にしていくしかないと感じていた。課長に就任したとき、前任の課長はカナダへ異動（1年間の学生引率）しており、日常的に相談できる状況ではなかった。また、前任者は女性であり、専門的な知識も豊富で、新聞のコラムを頼まれるような注目の人材であった。専務理事から「前任と同じことをしようとするなら、君には頼まない」と言われ、私は「誰とも仲良くなって、その人と一緒に何か生み出せばいい」と考えた。

その戦略の一環として、学生広報スタッフの組織を立ち上げた。Webでのニュース発信が盛んになり始めた時期に、マスコミに就職を希望する学生に声をかけ、様々な企画や行事に参加してもらい、写真を撮り、記事を書き、それをアップする取り組みを開始した。職員がやっていたことを学生にやってもらうこと、その力をうまく引き出すのが職員の仕事、と捉え直した。また、学生たちには記者と直接話ができる場を設け、キャリア形成にもつなげた。結果、20名程度の学生が集まり、学生広報スタッフの経験を機に、新聞社に就職した学生もいた。この取り組みに共感し、飲み会まで付き合ってくれた記者もおり、深い関係性を築くことができた。

私立大学でできること
－立命館アジア太平洋大学（APU）をつくることへの参画

立命館大学が、立命館アジア太平洋大学（以下、APU）の設立に向けた取り組みを始めたのは、1995年に大分への新大学展開が議論に上った時からだ。私は、BKC開設という壮大な計画を進めた直後で、「うちはここまでやるのか」という感触を持ったが、学園トップの決意は揺るがなかった。これからの時代、グローバルな視点を持ち、国際的に通用する大学になる必要があると考え、立命館は欧米

だけでなくアジアの発展にも目を向けた教学展開を進めた。しかし、それを別府で実現するとは誰も予想していなかった。

川本八郎理事長の発言は心を打たれた。「日本は戦後、急速な経済発展を遂げ、アジアの発展に貢献してきたが、教育の観点では日本の大学は世界やアジアに貢献できているのか」と問いかけ、立命館が一私学としてできる社会貢献、国際貢献をしようと呼びかけた。さらに、「これまでの改革は立命館や日本の学生のためのものだったが、APU の設立は世界のために立命館ができることを示す取り組みだ」とも語った。

大学職員として、人々の役に立つ仕事をしたいと考える中で、学園トップの呼びかけは心揺さぶるものだった。学生のための先には、アジアや世界のためを見据えることが、100 周年を迎えた立命館の姿だと説かれ、私のモチベーションは大きく上がり、立命館という組織で働いていることへの誇りを感じた瞬間でもあった。

広報課としても、開設記念事業に携わり、APU 設立に向けた取り組みに参加することは、立命館スピリッツへのコミットメントでもあった。多くの課長職以上が初めてパスポートを取り、国担当を決め、留学生確保やネットワーク形成に奔走したことがよく語られている。特に重要だったのは、全く異なるフィールドへの展開を求められたことだろう。私大連盟の研修で、妹尾堅一郎先生がよく言っておられた「知っていることと、知らないことでは、圧倒的に知らないことが多い。知らないことにチャレンジするから、組織や人は成長するのだ」との言葉が重なって納得感が増す。

こうして振り返ると、私の職場やその環境は、私を無理やり外の世界に連れ出してくれた。大学職員として、幸せな環境を歩んできたと感じている。

広報課から人事課へ －またも衝撃の異動

　広報課での勤務の後半、Web などの新たな広報媒体の影響が大きく、メディアミックスと呼ばれる新たな広報政策展開が求められるようになった。自分でも「そろそろ変わり時」と感じていた。それは組織としてもサスティナビリティが重要で、ある人が長く同じ仕事を続けると成長の断絶や落ち込みが起こる可能性があるため、適時、人を変えることが必要であると思う。 2004 年 3 月末、当時の人事課長から「広報はもういいだろう、次は人事だ」と言われた。私は抵抗や質問をしたものの、内示を受け入れないとは考えず、「わかりました」と答えたが、人事という仕事に全く関心がなかったため、どうしようかと悩んだ。 後任の広報課長の着任が 6 月 1 日であったため、私は内示を受けてから 2 か月の猶予があった。人事や勤怠を担当するチームと、給与や福利厚生を担当するチームに分かれており、実務部署の雰囲気が漂っていた。広報課長としてあちこち飛び回る仕事とは大いに違っていたので、新たな環境での挑戦が始まった。

「一日中曇り」だった人事課

　人事課に配属されると、法人の例規集や決裁稟議書綴りを確認して決裁する仕事が中心となり、広報課長時代の臨機応変な対応とは対照的な業務内容であった。毎月の給与支払い稟議に押印を求められ、決裁する金額の大きさに躊躇していると「給与が出ませんよ！」と課員からも急かされることもあった。

　また、様々な課の課長や職員が人事課を訪れ、退職者の補充やアルバイトの雇用、人間関係のトラブルなどの相談をしてきた。私は広報課長時代にはこの種の相談を人事課に持ち込むことはほとんどなかったため、驚きを感じた。多くの課長が自分で解決できる問題

を相談に来て、「仕事をしたつもり」になっていると感じた。

　今振り返ると、広報課は天気に例えると晴れか大雨であったが、人事課は一日中曇りという実感であった。

例規集との出会いと職員の適性

　私が人事課にきて最初に感じたことは、この課の仕事が複雑なルールに基づく実務が多いことであった。しかし、企業の人事・給与業務を子会社や他の企業に委託している事例を見て、立命館でもこれが可能ではないかと考えた。そして、例規集に基づくこの実務を本当に職員がやらなければならないのか疑問に思い、業務の一部を外部に委託することを検討し始めた。給与と福利厚生を担当する職員に「この仕事を職員がやらなければならないのか」と尋ねたところ、「どういうことですか？」との反応があったが、もっと他のことに人を割きたいという意見もあったため、企業に業務を委託することを考えた。この考えを基に、現在の大学事業会社委託方式の原型を作った。また、職員が取り組まなければならないことは、教学改革や研究者・有識者の招聘などによって複雑化した人事や雇用制度の現状を再整理・再構築することであった。立命館は教学優先の原則を強調してきており、結果として制度の複雑化を招いていた面がある。この状況下では、職員はこの複雑を極めた業務を間違いなくこなすことではなく、標準化できる力を持つことが重要だと考えた。例規に基づいて仕事をするだけなら職員でなくてもよいと考え、職員がやるべきはこの「例規集の標準化」であると部下に伝えていた。実務をこなす職員よりも、実務を変える職員を育てたいという思いがあったからだ。　このようにして、私たちは職員がより重要な業務に集中できるようにするためのしくみを作り上げていこうとしたが、これは今もなおかなりの難題である。

「人を育てる人」を育てる

　人事課に配属されてから、優れた人材を採用することに力を入れ、中途採用職員を増やした時期であった。特に様々な分野でリーダーシップを発揮できる職員を求めた。ある雑誌の特集で、人事の責任者としてのモットーを聞かれ、「『人を育てる（ことができる）人』を育てる」と答えた。この言葉には、学生や職員を育てる人を育てるという意味を込めた。職員はもともと学生を応援し、教育研究の充実に寄与したいと考えているはずであり、そういう志向を持つ人を積極的に採用した。

　また、大学では人事や総務が他の部署より一段上だと感じたことはなく、むしろよろず相談の受け皿のような存在だと感じていた。ただし、人事のルールを徹底して教職員自身を守る役割は大きく、その意識を持った教職員でなければ学生を育てることはできないと考えており、そのためにも、「人を育てられる人を育てる」というモットーは非常に意義深いと今でも考えている。こうした職員を募集するために、様々な説明会の工夫も行った。特に印象に残っているのは、私が人事課に来て最初の職員募集説明会だった。当時は前の人事課長が企画し、教員出身の専務理事が冒頭の話をされていたが、そのとき「大学は最も人間らしい活動をする場所であり、学ぶ、考えるという人間の強みを発揮できる場である」と説明会に参加した学生たちに語ってくださった。この話を聞いて、教員と職員の発想の違いを感じたが、それもまた大学の面白みだと実感した。

　このようにして、職員「中期」、つまり、広報課へ異動、そして人事課に異動、4年後に次長に昇格するのであるが、この時期は多様なフィールドで自分をぶつけさせてもらった時期である。末川先生は三分論の「中期」は、社会のために働く時期という言い方をされていたが、私は私らしく仕事をさせてもらった時期ということになる。そこから見ると、厚生課やBKC開設事務局は、自分らしさというよ

り周りの職員に学ばせていただいた時期であったと言える。ここまでで、前期が10年、中期が15年くらい、そして自分としてはもう少し中期が欲しかった気がするが、部長に昇格して、「後期」に入っていってしまうことになる。

後期 ーともに取り組んだ人に感謝し、次に続く人のために頑張ろうとした時期
部長・常務理事として ー全学基幹会議との出会い

　私は人事課長として4年間務めた後、総務部次長に、その2年後には総務部長に任命された。総務部長としての業務は多岐にわたり、常任理事会や理事会・評議員会にも出席することが求められた。また、総務部長としての最初の常任理事会では緊張のあまり声が上ずってしまい、ある学部長から「がんばれ」と声をかけられたことが懐かしい思い出だ。部次長会議は他の大学でいう事務部長会であり、職員トップの会議で、毎週開催され総務部長が主宰者であった。この会議では各部からの提案事項や規程改正事案が提案され、必要に応じて常任理事会に上程される。

　部次長会議で他の部長を見ていると、およそ3つのカテゴリーがあり、一つは自分の部の提案事項だけを発言する部長、二つ目は自分の部の提案のほか他の部の提案で自分の部に関する部分だけ発言する部長、そして最後に議題に関わらず自分の考えを発言する部長である。私は最後のカテゴリーの部長が全学の視点を持ち、学園の中心的な位置を占めるようになると感じた。他部署の提案に意見を述べることは難しいこともあるが、職員は学園全体の視点から自部の利害にかかわらず考えを述べ、議論に参画することが重要だと感じている。

　また、常任理事会ではすべての学部長が出席し、それぞれの学部に寄った見解を述べることが多いが、教員の意見は鋭く、ユニーク

な視点から新たな問題提起をしてくれる。このように教員と職員が一つの課題について真摯な議論をすることは、大学・学校法人という組織にとってたいへん重要であり、その後の実行力の担保となると感じる。私は常任理事会が教員と職員で構成される意味は大きいと考えており、教育研究や学生生活の広がりにより課題が拡がっている中で、この視点を堅持することが学園の総合力に直結したと考えている。

職員を背負うことの重み

　総務部長に任じられた後、人事部の新設に伴い人事部長となり、その後は総務担当常務理事として約 4 年間務めた。この 12 年間は私にとって非常に重責を担った期間であり、理事長や総長、先輩や部下、同僚には感謝しかない。機構改革や企業内保育所の開設、会議の見直しなど様々な業務を行った。人事部長のときに、教職員の在職死を経験したことはたいへん重く、それを防ぐために、教職員の健康を念じる気持ちも込めて、当時の上職とも相談して、腫瘍マーカーチェックを健康診断に組み入れるよう提案し、実現させた。
　また、育児休業や介護休業の制度改善に取り組み、それらの理由で退職することを減らすことに腐心した。新卒の 3 割が 3 年以内に辞めるといわれる中で、退職しても「よい組織で働いていた」と感じてもらえる環境作りを目指した。学生を大切にするためには、教職員を大切にすることが重要だと考え、心理的安全性を確保し、良いパフォーマンスを発揮できる環境作りを重視した。決断がなかなかできず、人事政策展開が十分でなかった面もあったが、自分らしさを貫くことを大切にしたつもりだ。
　このようにして、私は職員という立場を背負い、組織全体の改善に努めたが、反省点も多くある。それでも、教職員や学生のために尽力した経験は、私にとって大切なものであり、今後もその経験を

活かしていきたいと強く思う。

自分自身の切り替え　－人が働きやすい環境を

　私は部長になってから、職業人生の「後期」に自然と切り替わっていたように思う。「前期」は先輩の助けを借りながら課題に取り組み、「中期」までは自分が中心になって行動したが、人事課に来てからは徐々に「人に任せてやってもらおう」と考えるようになり、後半は任せるだけでなく「働きやすい環境づくり」に取り組むようになった。

　1985 年に職員になったころは、高等教育が拡大基調にあり、挑戦が容易で成功する環境が整っていた。しかし、2004 年に人事課に来た頃には、大学や高等教育を取り巻く環境は右肩下がりで、その回復の見通しも立たない状況だった。若い頃の私は、様々なチャレンジができる環境に恵まれていたので、改革力や企画力があったわけではなくても、社会が後押ししてくれたことで成功体験を得ることができた。

　しかし、昨今の新卒で職員になる人たちの環境は、チャレンジを躊躇させ、社会的な後押しもなく、予測不可能で不安定な社会に向かっている。私たちと同じような体験を若い職員に期待するのは無理があり、「昔取った杵柄」と言われるようなものになってしまっているとさえ思う。この現実を理解せずに「最近の若い職員は・・・」という会話をするのは禁句だと考える。むしろ私たちが持ちえなかった力量を活かして予測困難な時代を前に向いて進む力が求められ、私たちはそれを応援する、その基盤となることが重要だ。

　私は職員研修で「先輩の背中をみるな」とよく言ってきた。先輩のやった通りにするのは今日では誤りといっても過言ではなく、「社会、世界、そして学生をみよ」と伝えている。こうした考えが根底にあり、「人が働きやすい環境づくり」に自分の行動価値が切り替わ

っていったのだと感じている。

知っていることより知らないことが多い

　知っていることより知らないことが多い状況で教職員が夢を持ち、モチベーション高く働くためには、既存の当たり前を問い直すことが大切だ。右肩上がりの時代は流れに乗るだけで成果が得られたが、現在はそうではない。歴史から学べることとして、私の入学当時、立命館大学は、偏差値はまあまあであっても志願者数が低迷していたが、入試政策の転換により状況を打開した。入試を大学が受験生を選抜するものから、受験生が大学を選択するものと考え、入試パンフレットの内容は、大学が伝えたい情報から、受験生が知りたい情報に変更し、受験会場も全国で受験可能にした。また、APUの開設においては、留学生の比率を50％にする方針を取り、キャンパスの雰囲気を一変させた。これにより大学教育のあり方を先取りする要素となった。外を見ると、ミネルバ大学の取り組みも既存価値の大転換といえるであろう。

　つまり、先例はあり、立命館も経験している。この状況を見て、妹尾堅一郎先生がシンプルに話された「知っていることより知らないことが多い。知らないことにチャレンジすることが大切」というアドバイスの重さを気づかされる。仕事を組み立て直し、大学を見直すことが重要である。シュンペーターの「既存知の掛け合わせでイノベーションが生まれる」という言葉や、妹尾先生の「大学イノベーションの時代だ」という言葉にも共感している。創発的思考を学び次世代を創り出すことが人事部時代の最大の課題であった。大学を発展させる人材を生み出すためには、思い切った仕事をする経験と環境整備が必要だ。ベテラン世代が前期・中期を必死に生き抜こうとしている若手・中堅層を応援し、必要なケアを行うことが重要だろう。ベテラン世代の動き方が組織のあり方を規定すると考え

ている。

日本私立大学連盟での経験
大学行政管理学会 (JUAM) での経験

　私が広報課長補佐になった 34 歳のときから、長年にわたり日本私立大学連盟の委員を務めた。最初は大学時報という広報誌の編集委員を担当し、その後、人事に移ってからは研修委員、さらに常務理事として財務・人事担当理事者会議の委員や委員長も務めた。また、働き方改革に関するプロジェクトメンバーとしても活動し、多くの加盟校の教職員と交流し、貴重な経験を得た。

　さらに、大学行政管理学会 (JUAM) でも 2011 年から理事を務め、2013 年には副会長、2015 年には会長を経験し、20 周年事業を担当した。ここでも幅広い大学の教職員や多くの大学の重鎮といわれる先輩諸氏と出会い、多くの教えを受けることができた。JUAM の会長を務めていたころは、年に 30 回ほど東京に出張しており、ほとんどが日帰りであった。行きは朝 6 時台ののぞみ、帰りは夜 21 時 20 分発の最終のぞみと決まっており、体力的には厳しいものだった。

　その一方で、職場を空けることも多かったが、私は「部長、元気で留守が良い」と、昔のコマーシャルをもじって言っていた。それは私がいなくても仕事は回るし、いないときにはいないなりの対応ができると考えていたからだ。私は人事で課長から部長に昇進する過程で、職場での影響力が大きくなりすぎると改革の芽を摘む可能性があると感じていた。そのため、不在について上司には厳しく叱られたが、部下からはあまり不満が出ることはなかった。

　日本私立大学連盟や JUAM で学んだことをできるだけオープンにして部下に伝え、仕事に生かしていたことが良かった。これにより、部長しかできない仕事をすること、逆にいえば部下にできる仕事を取らないことが、部長本人および部下の成長に大きく寄与したと感

じている。

コロナ禍の対応で感じた「世代交代」の重要性

　コロナ禍の対応では自分の限界を痛感した。総務担当常務理事として在任期間の半分はコロナ対応に追われ、例規集によれば他の部課が所管しない事項は総務の仕事となっており、予測困難な状況に直面した。保健センター所長や専門家と相談し、理事長や総長とも協議を重ねたが、総長からは学生の学びの継続を大切にするように何度も要請され、感染防止対策との間で多くの困難があった。情報発信が他大学に遅れ、PCR 検査対応も取り組むべきだと多くの要求があり、部下に仕事を任せることも難しく、自分自身も精神的に追い詰められた。しかし、私自身が大学内では嫌な顔をして仕事をすることやメンタル不全に陥ることは職員組織のトップとして絶対に避けるべきだと考え、それを死守しようと努めた。

　その中でも、同じ部屋で仕事をしていた若い財務部長がコロナ感染拡大の初期段階から「after コロナ」「with コロナ」という言葉を使いながら財務部としての方針を考え始めていた。学園全体が同じ水準で仕事を進めるべき時に、自分が追いつけていないことに焦りを感じつつ、若手が育っていることはうれしくも感じた。その後も業務はまるで「自転車操業」のような状態が続き、退任するまでその状態は解消されなかった。今振り返ると、この予測困難な事態への対処力の不足は自覚しつつも、実践できなかったことは、自分の限界であるとともに、自分のひとつの特性（決して良い意味ではないが）だったのだとも思う。ただ職員は組織で仕事をするので、これを機に次の世代を引き上げていくこともたいへん重要である。

組織をまとめていく力

　総務として全学を調整し課題を前に進めることには多大なエネルギーが必要だった。その際、私は「相違点」より「共通点」に着目することを強調してきた。例えば、同じ課で働いていても担当業務が異なると自分の業務に集中しがちだが、共通の目標や課題に着目すると、チームで働く意思が湧いてくる。組合対応においても、一見対立する関係でも大学の課題や目標に照らし合わせると共通点が見つかり、協働意識が高まる。自分が組合役職をやったときには、教員と職員が同じ組合員という共通点で議論し行動したことが大きな意味を持っていた。

　また、労働組合は運動体として位置づけられ、学校法人や会社とは組織的な違いがある。一方、労働者の権利を守り地位向上を目指す主体的な集まりであり、教育という営みも主体性に重きを置く。運動体的要素を経営体・事業体にうまく取り込むことで、大学や学校の発展サイクルが形成された。立命館の場合、運動は大学・学校の発展に大きく貢献したように思う。

　しかし、世界や社会、学生をリアルに見て学び、共有することが何より重要であり、それを基にした施策が構成員で共有できるかどうかが問われる。社会が複雑になると、運動の達成感は人によって異なる。「良い大学」の基準は一様でなく、それぞれの大学が取り組むことが社会や受験生、父母に共感を得るかが重要である。このように「正解はひとつではない」時代であり、私の「後期」はそのことを強く実感させる時期であった。

おわりに
履歴書をもう一度読み返す
ー「学生を大切にする」を追い続けた幸せな職員人生

　もう一度、あらためて自分の書いた履歴書を読み返してみた。一言で言えばきわめて幸せな大学職員人生である。苦労がなかったとは言えないが、苦労も楽しみのうち、と言える仕事をさせてもらってきた。これには立命館や同僚の教職員のみなさん、そのほかあらゆるところでかかわっていただいた方々に感謝以外に何もない。それが率直なところである。

　私はいつも悩みを抱えた職員と話したあと、「ありがとうございます」といわれると、私からは、「今回はたまたまあなたが悩みを持ってきたけれども、私だって悩み困るときがある。その時は一緒に考えてね」と言っていた。お互い様なのである。つらい時はカバーしてもらい、余裕があるときは周りもカバーする、それが職員の働き方であり、ある意味教員との違いでもある。昨今、ジョブ型が叫ばれるが、こうしたよきメンバーシップ文化を大切にしたジョブ型を模索しないといけないと考えている。

　ダーウィンは進化論のなかで、「強いもの、大きいものが生き延びるのではなく、変化に対応できるものが生き延びる」と言っている。今の時代を踏まえればまさにそうである。変化を拒むことは、それにとどまらず抵抗となってしまう。

　最近では「人的資本経営」といわれるが、要するに人は、人材ではなく、人財、いやそれでもなく、価値を生み出す資本であり、それを引き出すのが上司の仕事なのである。もう一度職員一人ひとりが持つ力に焦点をあてて、それを価値化していくことが求められるような気がする。大学はやはり価値の宝庫である。

　そしてもうひとつ、大切なことは「学生を大切にする」ことである。職員生活を送りながら、学生を大切にするとは、ということを

ずっと考え続けてきた。「学生は、教職員の鏡」つまり教職員のありようが、学生に反映する。教職員が元気な大学は学生も元気である。そのうえで最も大切にしなければならないことは、「学生にしてほしいと考えることは積極的に取り組む、してほしくないことはしない」これが、いま私が考える「学生を大切にする」の答えである。

大学職員の価値 －文化の継承

　最後に、大学職員とは何か。これも重いテーマである。有能な実務者集団になるのであれば、私は大学事業会社にすべてやってもらってもいいのではないかとさえ思う。事業会社に出向して、時々私は社員に、「その仕事、全部、うちでやりますよと言ってきなさい」と真顔で言うことがある。そういう仕事の仕方への警鐘を鳴らしたいがためであり、職員への応援メッセージのつもりである。

　私は一言で言えば、職員というのは「その大学のもつ文化の継承者集団」だと思う。社会や時代は大きく変化し、研究や教育の在り方も変わっていく。地域や社会に貢献することも大切になる。こうした時代の中、何を軸にその大学が機能していくのか、この文化を継承していくために、中長期計画もあり、様々な施策・政策がある。職員は建学の精神、教育研究の理念を深め、現代の光を当て発展させ続ける責務がある。そのために何が必要かは、大学によって異なり、考え方も違う。その価値は社会が決めるという時代なのだと思う。

西川　幸穂（にしかわ　ゆきお）

1961 年　滋賀県大津市に生まれる
1985 年 3 月　立命館大学法学部法学科卒業
1985 年 4 月　学校法人立命館に事務職員として採用される。
その後、学生部厚生課、調査企画室、BKC 開設準備課、広報課など
を経て、1994 年広報課課長補佐、1998 年広報課長、2004 年人事課
長、2007 年総務部次長、2009 年総務部長、2013 年人事部長となる。
2017 年学校法人立命館総務担当常務理事（～2021 年 5 月）
2022 年 3 月定年退職。
2022 年 4 月から継続雇用職員・人事部付担当部長として株式会社ク
レオテック出向（専務取締役）、現在に至る。

　この間、私立大学連盟広報委員、研修委員、財務・人事担当理事
者会議委員および委員長などを担う。また 2011 年より 6 年間、大学
行政管理学会理事、2013 年・2014 年同副会長、2015 年・2016 年同
会長となる。このほか、立命館大学生協理事、関西女子学生バス
ケットボール連盟副理事長も経験。

立命館大学

　京都府京都市に本部を置く。1900 年に創立で、1922 年に大学を設
置している。16 学部、大学院 21 研究科からなり学生数 38000 人の
総合大学である。建学の精神は「自由と清新」である。立命館学園
の創立者である中川小十郎は、学祖である西園寺公望の「自由主義
と国際主義」の精神を受け継ぎ、「自由にして清新」な学府、つまり
自由にして進取の気風に富んだ学園の創造をめざしている。

「人」に恵まれた 40 年

金田　淳一

はじめに

　大学は構造不況業種と言われることがある。18 歳人口が激減していく中、収入の大部分を学費に依存し、他の収入源が限定されているため、経営が厳しさを増す状況を反映した言葉である。

　私の入職当時（1984 年）は民間への就職が厳しい時代であり、大学職員を好不況に左右されない安定した職種として認識していた。ただし、希望の電機メーカーへの就職活動がうまくいかず、母校に採用してもらったというのが実状である。

　当時は、まだまだ大学職員の認知度は低かったように思う。私と一緒に採用されたのは、男子 8 名、女子 2 名で、男子はすべて本学卒であり、女子は英語堪能者としての別採用で他大学卒だった。

　さて、私は 2024 年 5 月に定年退職（職位定年）を迎えた。6 月以降は専門嘱託として再雇用され、新たな段階へと入った。これから過去を振り返るが、本稿への執筆を好機として、平凡な歩みであったが、大学職員として、その時々に何を感じ、考えていたのかを吐露してみたい。

新人時代

　1984 年 4 月、多摩キャンパスの保健体育部多摩体育課に入職した。法政大学は現在、市ヶ谷、多摩、小金井（理工系）の 3 キャンパス

を擁しているが、1983年度までは市ヶ谷および小金井の2キャンパスであった。上記年月に市ヶ谷キャンパスの経済学部、社会学部が、新たに開設された多摩キャンパス（東京都町田市・八王子市の境界に設置）に移転し、新たな一歩を踏みだした。

　移転の経緯について触れておこう。移転まで市ヶ谷キャンパスには文系5学部（法・文・経済・社会・経営）が設置されていたが、1学年700〜900名程度を擁する大人数学部であり、一教室に受講登録者が数百名を抱える、いわゆるマスプロ授業が当然のごとく行われていた。校舎は狭隘であり、学生の居場所もほとんどなかった。また、5学部の教養科目（主として1、2年）の担当は第一教養部（昼間）、第二教養部（夜間）と呼ばれる教学組織の教員が担当していて、実質的に（専門）学部は3年から開始するといっても過言ではなかった。このため、学部棟を備えた4年一貫教育を実行することが新キャンパスに求められたのである。

　このような中で新人として多摩体育課に配属されたのだが、同課の業務分掌は正課体育授業の実施、体育会活動の支援および体育施設の管理・運営であった。デスクワークは少なく、グラウンド・施設を巡回し異状がないかどうかチェックしたり、キャンパス外にある体育会合宿所の視察など、現場仕事が中心であり、仕事着も背広ではなく、ポロシャツ、トレーナーであった。同期で多摩キャンパスに配属された他の2名は、社会学部事務課、総合事務課（管財担当）で事務職員らしく働いているのに、自分だけが取り残されていると感じていた。

　このとき、救われたのは先輩の工藤和也氏との出会いであった。工藤氏は、新たなキャンパスを創ることの意義を熱く語った。人を纏める力にも長けていて、職員、教員を集め、懇親の機会を数多く作ってくれた。そのような場で熱く語りあったことは思い出深い。あのときのキャンパスづくりへの高揚した気分は今でも忘れない。

　工藤氏は学生に対し、ルールの順守など、指導は厳しかったが、

反面、真面目な学生には優しく、多摩で活動する体育会学生から慕われていた。学生からの相談に誠意をもって応じ、できることはすべてやるとの姿勢だったからである。例えば体育会合宿所の急を要する修繕などは、管財担当に何回も掛けあう等、対応にスピード感があった。

　イベントでは「スポーツ・フェスティバル」の企画・実施が懐かしい。新入生を歓迎し、学生同士や教職員との交流を促進するため、6月中・下旬頃、1日授業を休講し、学生・教員・職員がソフトボール、陸上競技リレー、バドミントンなどで汗を流した。私たち職員もソフトボールに参加し、学生と対戦した。陸上競技リレーでは、当時100Mの日本記録保持者で本学経済学部生の不破弘樹氏にも参加してもらい、超一流のスピード感を味わった。全種目終了後は、懇親の場を設け皆で盛り上がった。

　学生の立場に立った対応や教職員の交流促進など、工藤氏から学ぶ点は多かった。近年、職員間でのコミュニケーション不足など部局間の横連携の欠如が指摘されて久しい。今工藤氏が職員でいたらどのようなことを仕掛けただろうか、ふとそんなことが脳裏を過る。

市ヶ谷キャンパスへの異動　人事部人事課へ

　入職後、2年7ヶ月が経過し、市ヶ谷キャンパスの人事部人事課へ異動した。当時、新人は3年間で二部局（異動）とされていたので、ごく普通の異動周期だった。自宅から遠い（1時間40分程度）のが難であるが、最大数の職員が勤務するキャンパスであった。

　仕事はこれまでと違って、教職員、特に職員相手で、年齢が上の方と対応しなければならず、精神的には少し辛いこともあった。しかし、その分、課では結束して課員を守ることが徹底されていた。先輩の藤原奏博氏には、公私ともにお世話になった。藤原氏は前述の工藤氏と仲が良く、私も度々飲み会にお供させていただいた。

仕事はまず、専任職員の出欠勤管理であり、当時はタイムレコーダーによる管理だったので、市ヶ谷キャンパスでも 7、8 箇所あるレコーダー設置場所を巡り、チェック作業をすることや、他キャンパスの人事（庶務）担当者との連絡・調整などだった。現在は、出退勤システムなどの導入でデジタル化されているが、当時はアナログそのもの、タイムカードの空白欄に、年有休、出張などのゴム印を一人ひとり確認・押印することが仕事だった。十数年後に、ようやくシステム化されるのだが、随分と時間がかかったものである。

　次に教員の人事関係手続き、臨時職員の採用・給与支払いなど、業務レベルは少しずつ上がっていった。臨時職員の採用は結構辛い仕事だった。求人誌などを活用し、せっかく採用したと思ったら、数日で辞めてしまうケースもあり、心の休まらない日もあった。その頃は発令による辞令交付が必要とされていて、その膨大な量の作成にも相当な時間を費やした。今はかなりの辞令が廃止され、その仕事は格段に減っていると聞いている。臨時職員への給与支払業務では間違って支給した経験が忘れがたい。

　本学には各キャンパスに診療所があり、医師を大学病院から派遣してもらっていた。医師は交代が多く、そのたびに支払いのマスター伝票に退職送りを記録しなければならないのだが、それを忘れると自動的に給与が振り込まれてしまう。この退職送りの作業を忘れ、20 数万円を振り込んでしまったことが 2 回あった。先方に電話をかけ、平謝りで何とか返還してもらったが、苦い思い出として残っている。

人事課から人事部人事二課へ

　人事課へ異動となって 1 年半ほど経過した頃、業務の効率化を目指す試みとして人事部の組織改編があり人事課、給与課が人事一課、人事二課となり、私は二課所属となった。

従来人事課で担当していた業務のうち、採用、研修、組合関係等を独立させ、人事二課所管として、それ以外は人事一課で人事・給与を一括して担当することになった。二課の配属となった私は、課長、主任と3名だけのミニ課の課員となった。

　ただし、一課と違い、ルーティン業務を持たないため、時間外勤務も少なく、比較的ゆとりをもって仕事に臨めた。このときの課長は宝田繁男氏、主任は藤原泰博氏で、私が大きな影響を受けた二人である。

　宝田氏はやや強面タイプで周囲からは怖がられていたようだが、本質は優しく信頼のおける方だった。仕事は段取りを重視し迅速に対応していて、大変参考になった。宝田氏はその後、人事部次長、人事部長、総務部長、理事と順調に階段を登っていくことになる。

　一方、藤原氏は外見エリート然としたスマートな方なのだが、実は熱いハートを持っており、まさに「クールヘッド＆ウォームハート」そのものだった。藤原氏とはよく酒を呑んだ。藤原氏からは、仕事への取組み姿勢、さらには人としての生き方を学んだ。二人と過ごした3年間は何ものにも代えがたい、自分の基礎（土台）を造ってくれた、そんな気がしてならない。

　当時人事二課は組合との団体交渉の当事者で、団交が夜遅くまで続く中、団交当番として理事室に留守番でいることがあり、主任と交代で残ることがあった。その後はどんなに遅くなっても課長と呑みに行くことが常だった。課長は呑むとあまり語らず、私の話をよく聞いてくれた。当時、職員の世界は今と違い、派閥の存在が顕著で、人事部長と宝田氏は派閥が違っていて、あまり関係は良くなかったようだ。

　人事部長室に他部局の主任・課長が頻繁に出入りし、時には校友理事（後に事件を起こし逮捕される）まで来て、私にも聞こえるぐらいの大声で特定の管理職のことを非難している光景は異様だった。

　宝田氏と二人で呑みに行き、「このような状況はおかしい」と声高

に訴えると、宝田氏が「そうムキになるな、こんな時代はいつまでも続かない」と諭してくれたことを思い出す。まるで自身に言い聞かせるような言葉が印象的だった。

　小言は良く言われたが、本気で叱られたのは1回だけである。当時人事二課では学務部と協同して入試監督の教室割付業務を行っており、専任職員の教室内組み合わせを担当していた。一通り割付が終了して課長にチェックをお願いしていたときのことだった。課長から呼び止められ、「この部屋は中堅の一般職員（男性）がチーフ監督で、女性主任がサブ監督となっている。これはどういうことか。逆ではないか」と質された。当時はチーフを女性主任より優先して一定経験年数のある男性の一般職に充てるのが普通だった。そこで、「これまでもこのようにやっている」と返答したところ、宝田氏は激昂して「そんなことは認めらない。主任が一般職のチーフの下でやることはあり得ない。やり直しなさい。これは業務命令だ」と言われた。今から考えれば当たり前のことであるが、常識を弁え、筋の通った対応をされた一例であった。

　藤原氏の口癖は、伸びる若手職員の要素は「素直でやる気のあること」だった。この年になって私も、他人と良好な関係を築く際に、「素直さ」が重要であると改めて感じている。

　また藤原氏は酔っぱらうと、「現在の仕事と給料の額が釣り合わない、年々そのことを強く感じる」と言われていた。これは給料が安すぎると言っているのではなく、逆に「仕事の内容（質）に比べ、給料が高すぎる」ことへの戸惑い、自己批判を込めた痛切な言葉だった。このようなことをいう人に私はあまり出合ったことはない。藤原氏は1993年3月で突然退職してしまった。理由はいまだにわからない。

　また、今日に至るまで大変お世話になっている吉田信正氏との出会いも人事部時代である。吉田氏は1995年4月に人事課長補佐として着任された。吉田氏は国際交流センター勤務が長く、本学のエ

ース的存在であった。吉田氏はその後、学務第一課長、学務部次長、学務部長、理事へと歩まれていく。吉田氏はよく「品質とプライド」の話をされ、その重要性を語った。人前で話すこと、文章を書くこと、すべての場面において能力の高さがずば抜けておられた。わずか1年であったが、人事制度の改革の緒につく仕事をご一緒できたことは幸運だった。吉田氏との付き合いは、日本私立大学連盟や大学行政管理学会などを通じ、今日に至るまで続いている。

　人事部での仕事は1996年3月まで、9年5ヵ月に及んだ。人事課での業務は一通りこなしたが、長く在籍することの意味合いが、上司や同僚から過去の事例を尋ねられたとき即答できる、いわゆる便利屋的存在ではないかという気もしていた。やはり新人時代のように、学生と向き合う仕事をしたいという気持ちは強くなっていた。ただし、人事部時代に採用・研修を通じ幾世代の新入職員の方々と交流ができたことは、人事課員冥利に尽きるとも言える。

監督職（主任）へ昇進

　1996年4月に学務部学務課（調査係）へ異動し、文部省各種調査への回答をメインに、自己点検・評価関係や大学と付属校との連携委員会の業務などを行った。

　当時は本学が新学部設置に動き出している時期である。1959年の経営学部設置以来、学部設置構想が出ては消え、消えては出ての連続だった。理事会での意見不一致により、過去、設置認可申請書類を取り下げたこともあった。

　その背景は学部・教養部の「タテヨコ問題」が解決できなかったことにある。「タテヨコ問題」とは、「タテ（学部）」と「ヨコ（教養部）」との不協和音である。学部は原則として学生が入学して卒業するまでの4年間、一貫した教育体制を志向している。しかし、実際には2年間教養部がカリキュラム編成権、授業担当者の人事権を保

持している。このため、学部の考える一貫教育の実施はままならない。

　さらに、教養部は入学試験の作問を一手に引き受けており、その負担に対する不満もあった。これら問題が積み重なり、校友理事・評議員を巻き込んでの学内闘争となったのである。この問題を何とか乗り越え、1999 年市ヶ谷キャンパスに国際文化学部、人間環境学部が、2000 年小金井キャンパスに情報科学部、多摩キャンパスに現代福祉学部が新設されることになる。

　私は 1998 年 4 月、学務部学務第二課人間環境学部係主任へ昇進する。1 年後の学部設置を控え、学部開設の準備のために配属されたのだった。

　人間環境学部は教養部（夜間）の教員を中心に組織され、定員の 1/4 は社会人を採ることを目標に、昼夜開講、土曜日曜開講を謳った先駆的な学部だった。準備段階ではカリキュラム編成や入試をどのように行うのか、教授会執行部と議論しながら、一つひとつ進めた。

　前例がないことであるため、いろいろな可能性を追求できる喜びはあったが、一方で、常に新しい課題に対処しなければならないという苦労もあった。

　初代学部長は経営学部から移籍された堀内行蔵氏だった。堀内氏は日本開発銀行（現日本政策投資銀行）出身であり、大学の旧態依然とした閉鎖的な教員体制に批判的であった。人間環境学部は新学部であり知名度に欠けるために、安定的な入学者を得るために指定校推薦入学を充実させようということになった。

　そこで教員に生徒を推薦していただく対象高校を訪問してもらい、学部の PR をしてもらうことを何とか教授会で決定した。事前にアポイントメントを取り、訪問してもらうこととなった。

　堀内氏は温厚であり、声を荒げることはほとんどなかったが、一度だけ怒鳴られたことがある。アポは各教員が取ってもらいたいと私が提案すると、堀内氏は顔を真っ赤にして、「教員に高校を訪問さ

せることについて、彼らを説得させるためにどれだけ私が苦労した
かわかっているのですか。ぜひともアポは事務局で取ってください」
と命令口調で言われた。私の配慮が足りなかった。

また堀内氏は組織で上に立つ管理職の姿勢として、「普段は部下に
任せ、部下は規定に則り対応すれば良い。規定では対処できない、
いわゆるイレギュラーな問題が発生した時に、逃げずに応じ、収め
るのが管理職の役目である」と言われていた。この言葉は含蓄が深
く、今でも心の中で反芻することがある。

人間環境学部担当として学部第一期生を送り出して 2003 年 11 月
に学務課教学改革担当へ異動となった。学部設置がひと段落し、今
後は認可申請から届出申請へと変わる中、新たに文科省との折衝業
務が加わった。同時に、ファカルティ・ディベロップメント (FD) に
対し大学として積極的に取組むこととなり、FD 推進センターが設
置され、その業務も私の担当となった。

教学改革担当には学部から入学定員の増減、新学科の設置など、
さまざまな相談が寄せられたが、異動直後は当然答えられる術はな
い。主任で異動したのに職責を全うすることができない。また、担
当理事に資料を見せながら説明することもあったが、その不十分さ
ゆえに自己嫌悪に陥ることもあった。その時は市ヶ谷駅から職場に
向かうのが憂鬱であった。

しかし、大学設置基準等の法令知識への理解が徐々に深まり、他
部局からの問合せにも答えられるようになっていった。そして、業
務に対して少しずつ自信が持てるようになり、鬱状態は解消してい
った。

大学外で羽ばたく
－大学行政管理学会と日本私立大学連盟への参画
大学行政管理学会とのかかわり

　大学行政管理学会は 1997 年に発足したが、当初その存在を知らなかった。1998 年の主任就任後も、興味関心は自分の与えられた仕事をこなすだけで、大学外の世界には縁遠かった。その頃、大学行政管理学会の存在を教え、引き入れてくれたのは、本学の阿久津興一氏であった。阿久津氏は就職部時代、学生指導の熱心さ、企業開拓への尽力などで他大学の間でも有名であり、後年図書館事務部長や入学センター長を務められた。

　その阿久津氏から依頼され、学会の事務局便りを会員へ発送する仕事の手伝いを始めたのである。当時、阿久津氏は第二代目の学会事務局長であった。阿久津氏が声をかけた何名かで一緒に作業をしたあとの懇親の場が楽しかった。これが私の学会との関りの出発点である。

　その後、正式に入会し、中央大の横田利久氏（現関西国際大）を紹介され、学会の研究・研修委員会に委員として参加することになった。この委員会は年 1 回の定期総会・研究集会の企画・準備および年数回の関東地区研究会の企画・運営を行っていた。

　いま考えると委員メンバーは豪華であり、当時國學院大學の人事部長で、後に理事長に就任される坂口吉一氏もおられた。委員会は横田氏のリーダーシップのもと運営されていたが、学外での委員会や研究会で他大学の方とお会いし、議論したあとの懇親会は本当に楽しかった。職場では得られない大きな刺激を受けたというのが適切だろうか。委員会や研究会が終わり家路に向かうときも、何となく胸が躍る高揚感に包まれていた。

　横田氏には文科省キャリア官僚、教育ジャーナリストの方などを紹介していただき人脈を築くこともできた。やがて私は 2005 年に

研究・研修委員会の委員長を務めることになる。

日本私立大学連盟研修運営委員会委員に就任

　かつての上司、吉田信正氏から、日本私立大学連盟研修運営委員会委員への就任について依頼を受けたのは、上記の学会活動を始めだした 2002 年頃である。吉田氏は 1995 年頃から長年、同運営委員会委員、運営委員会委員長を務められ、勇退する際に、後任として私を指名いただいたのだ。比較的若手対象の職員総合研修（短期）の担当と思い込んでいたものの、長期担当の委員であり、研修参加者が私より年上の方もいて少々戸惑ったのを記憶している。私自身が研修参加者から学ぶといった表現が適当であった。

　わかりやすい発表スタイル、グループ議論の進め方・整理の仕方など、グループメンバーや運営委員の同僚から得たことは大きかった。日本私立大学連盟の研修運営委員は、その後職員総合研修、若手スタッフ研修、創発思考プログラム運営委員など 22 年間続くこととなり、私のかけがえのない財産となった。

外部勉強会、大学院授業の履修への参加

　中央大の横田氏からは、外部の勉強会として、FMICS（高等教育問題研究会）を紹介いただき、2000 年代前半は積極的に参加していた。文科省の答申を素材に勉強することを初めて経験したのもこの研究会である。また桜美林大学大学院大学アドミニストレーション専攻に科目等履修生として通ったことも思い出深い。

　単位取得には至らなかったが、寺﨑昌男先生の高等教育史の講義は臨場感があり吸込まれるように話に集中し、睡魔が襲って来ることはなかった。

　文科省高等教育局大学課長（当時）の合田隆史氏は答申に書かれ

た表現の「行間を読む」ことの大切さを語られた。授業後の飲み会
への参加を含め、多くの刺激、気づきを受けた。こういう経験が若
手・中堅の時代には必要なのではないだろうか。

管理職になる　主体的な働き方の自覚

　学務課教学改革担当へ異動し、ようやく学部・学科申請（届出）
業務や FD 業務としての授業評価アンケートなどに馴染んできた
2004 年 11 月、同じ部署で管理職（課長補佐）に昇進した。42 歳だ
った。

　上司の配慮で、それまでの業務の継続であり、伸び伸びと仕事が
できた。2006 年 11 月に課長となり、2007 年 3 月まで、この雰囲気
を享受したが、主体的に仕事をできることが、どんなに楽しいこと
か、身に染みて感じた時期である。

　当時は教学改革の一端として、学部・学科の設置申請業務が盛ん
な時期であった。ちょうど文科省が学部・学科設置の方針を事前規
制から事後チェック重視へ切り替えるところであった。これまで学
部・学科申請は認可（申請）が基本であり、寄付行為変更の作業及
び教員採用・カリキュラム関係の検討など、法人・教学サイド双方
に互る膨大な資料を数年がかりで検討・作成しなければならなかっ
た。これが設置届出の制度に簡易化され、学位の分野（種類）の変
更を伴わない場合は、1 年未満の検討・作業で設置に漕ぎつけるこ
とが可能となったのである。

　この間、学部・学科申請（届出）では、アカウンティングスクー
ル（会計大学院）の新設、工学部の理工学部への改編、デザイン工
学部の新設が記憶に残る。法人のもと、理事、担当分野の教員から
なる設置準備委員会が組織され、その事務局の実質的な責任者とし
て采配を振るうこととなった。委員会執行部教員と頻繁に打合せを
行いながら、届出までのスケジュールを策定し、それに則り、カリ

キュラム案の作成、担当教員の配置・採用計画を教員委員と進めていく。また外部業者の力を借りながらも、志願者が定員を十分充たせるかどうか、リサーチ調査を行った。教員との、まさに協同業務により、大学の明日を担っているという自負とともに、日々充実感があった。

デザイン工学部への設置再編に関して、次のようなエピソードがあった。工学部にシステムデザイン学科を設置し、まだ完成年度を経ていないのに、新たな学部（デザイン工学部）にシステムデザイン学科を再編することが果たして可能なのか、私自身大いに疑問だった。この可能性を追求するために、文科省へ相談するように言われ、設置準備委員会の教員と二人で相談に出向いた。文科省担当官からは「法政大学には計画性というものがないのですか。新設してわずかな年数で新たな学部へ再編することはあり得ない」などと詰問調で言われた。私からは、申請の手引きには、「カリキュラムの更なる充実に期することがあれば、『例外事項で認められる』と一文ある。これに該当するのではないか」と抗弁するのが精一杯だった。

文科省からタクシーで大学に戻るとき、車中から同行した教員が担当理事に電話し、「どうやらこれは難しい」と話していたのを覚えている。

翌日、当該文科省担当官から私へ電話があり、「昨日はあのように設置は難しい旨話したが、カリキュラムの充実に寄与するものであれば、構わないと判断する」との電話があった。嬉しかったが、どうして判断が覆ったか、未だに謎である。

2007年4月に私は新学部設置申請から学部長会議担当へと業務が変更となった。実は、この変更は、私の独断で決めて部長の了解を後から取りつけたものである。当時はスポーツ健康学部の認可申請業務が佳境に入っている時期であり、部下からは、「他の担当に逃げてしまうのですか」と嘆願されたが、自分の意見を通させてもらった。とにかく、教学の意思決定機関である学部長会議の実態を知り

たいという気持ちが強かったからである。

学務部学務課長として、学部長会議の事務局担当へ

　当時は経済学部出身の平林千牧総長の時代であった。本学はこれ
まで話し合いや手続きを重視した民主的な風土・文化を大事にして
いたが、同総長はトップのリーダーシップを重んじる体制づくりを
志向していた。このため、学部長会議など教学の意思を決定する場
での対立が目立っていった。また、民主的な手続きとして、これま
で尊重されてきた「選挙」のあり方に疑問を呈されていた。そこで
総長の選任方法として、理事会主導で教職員による直接選挙から、
選考委員会での候補選出、それを受けての選挙による選出へ変更し
ようとしていた。これに関して、学部長会議では賛成・反対の真っ
二つに分かれて衝突したのだった。

　結局は従来の方式での立候補も認めることとして特例措置を設け、
増田壽男新総長が誕生することとなる。

　平林総長をはじめ、理事たちの大学を変えたいとの気持ちは間違
いではないと理解できるが、動きが性急すぎたという印象があった。
学部長会議には学務部長と二人で出席し、私は書記役として議事録
を書くのが任務だった。2週に1回会議があるので、議題の設定・
連絡、資料の準備、議事録の作成などの繰り返しで週末に議事録案
を作成するのが業務であったが慣れてくると生活スタイルが固まり、
身体が整ってくる気がしていた。当時の部長は後日理事になる方で、
文書の纏め方など適切だった。いまでも参考になっている。

　ちょうどこの頃、本学理事の和田實一氏との交流も始まった。和
田氏は教学畑を中心に歩まれ、教学改革本部事務室部長、学務部長
を歴任され、2002年から理事を務められていた。それまでお話する
ことはめったになかったが、何かをきっかけに時々話を交わすよう
になった。自宅が比較的近いことも理由の一つだった。氏は実務派

というより発想力・行動力に富む方であり、教員との人脈づくりに長けていたように思う。

2005年に理事を退任されたあとは大学職員サポートセンターの立上げに尽力され、やがて大学基準協会事務局長に就任されたが在職中の2011年11月に急逝された。健在であれば、今後の進むべき道などについてアドバイスをいただくことができただろう。そう思うと残念でならない。

大学院への進学、入学センター・広報課へ　大学院での学び

学務課長として1年半経過した頃、だいぶ仕事に習熟してきたこともあり、大学院での勉学を考えるようになっていた。他大学の職員の方が、大学院（特に桜美林大学）において高等教育を学ぶケースが増えてきたことも理由にある。一方で、私は高等教育そのものを学ぶというより、経営学（人的資源管理）を学びたいと思っていた。修士論文として、大学職員がどのように育ってきたか、特定の大学を例にとって、その職員にヒアリングし検討・分析したいと考えていた。

そこで上司に相談し、当時あった大学院派遣研修で本学経営学研究科経営学専攻（夜間）に入学した。それと同時に入学センターへ異動となった。派遣研修では大学院入学にあたり勤務の軽減など配慮は一切ない。しかし、2年間の学費、百数十万円を大学に負担していただいた。これは大変有難かった。感謝してもしきれない。大学院授業には業務都合で遅刻が常だったが、先生方は社会人に理解があり助かった。

修士論文のテーマは「大学改革を主導した職員のキャリア形成」とした。この十数年、大学改革の先頭を走る立命館大学を例にとって、改革を推進している部長・次長にヒアリングし、その方々のキャリアも振り返りながら、行動特性等を明らかにしようとしたもの

である。

　私の武器は日本私立大学連盟や大学行政管理学会等で知り合った他大学職員の人脈であり、当時改革の先頭に立っている立命館大学の二人の有力者を知っていることだった。西川幸穂総務部長、大島英穂教学部事務部長（当時）である。二人に紹介いただき、7～8名程度の部長・次長にインタビューを行った。

　インタビューから明らかになったことは主に以下の①～③である。
①　学内履歴からの特徴
・学生と直接向き合う部局の勤務経験がある。
・新大学・新キャンパス設置など、ゼロの状態からはじめて達成している。
・部門間の異動経験が豊富である。
②　改革行動の基となる経験
・成長を実感した経験を必ず持ち、それを改革行動に繋げている。
・その結果、当事者意識や使命感を自己に醸成させている。
・強く影響を受けた存在を持ち、その存在は上司であることが多い。
③　日常における行動の特徴や考え方
・業務に対し全体的視野で俯瞰してみることや常にゴールを意識して対応している。
・コミュニケーションの重要性を理解し、部局内では上司から部下への働きかけ、他部局との直接対面での関係構築に注力している。

　これらは、多くの大学職員にとって参考になるのではないだろうか。一方、職員が大学院で学ぶ意義もまとめてみたい。

　一般的には、大学院で学ぶことによって、次のような能力が身につくと言われている。
・多様で広い視野
・問題発見と解決
・批判的考察
・物事の本質をとらえる

・事実を解釈し、独自の知見を生む

・論理的に文章を書く

・チームをまとめ、動かす

・自分自身を客観的に見ることができる

　特に、論文をまとめる価値は、「事実を解釈し、独自の知見を生む」ところにある。残念ながら力不足によりそこまでには到達できなかったが、2年間の大学院生活によって、多様で広い視野から物事を捉えることや、俯瞰した視座から、自分自身を客観視することの大切さを自覚している。さらにそのことによって、管理職として、大学の全体最適を考え、行動することの重要性を学んだ気がしている。

　指導教員である経営学部の小川憲彦教授からは、次のように言われたことも印象的だった。「たとえ他の方から何と言われても、あなた自身が燃えられるテーマで頑張りなさい。それが最も大切である」と。

　この言葉に勇気づけられ、私が上記テーマで論文作成することの意味を再確認したものである。

入学センター、総長室広報課へ　「広報業務」に取組む

　大学院での学びと並行して、入学センターでは入試広報業務に取組んだ。私自身、細かく緻密な仕事は得意でなく、間違ってはいけない入試実施担当（試験問題作成・入試手続など）は不適任であることが上司や理事が認識されていたからであろう。この頃はとにかく、率先垂範で全国各地の進学相談会に参加した。当初、人前で話すのは得意でなかったが、まさに場慣れというべきか、度胸がついてきた。北海道から沖縄まで全国各地にもよく出かけた。

　他大学との交流は当時盛んに行われ、横の連携は広まった。その中でも中央大学入学センターの大久保陽造氏とは青山学院を含み三大学の合同説明会を全国各地の高校で企画・実施することで協力・

連携を強めた。彼は高校の教員に足繁く通い、良好な人間関係を構築することに優れていた。いわゆる「人たらし」の人物であり、大学の今後についてよく語り合ったものである。

近年、大学間連携・協力が叫ばれて久しいが、なかなか実現に至っていない。連携を成し遂げるには、大久保氏のように人と人を結びつける役割を果たせる者が必要不可欠である。自分も、そのような存在になりたいと思ったものである。

学内では他部局の有志 100 名程度を「進学アドバイザー」として組織し、全国各地の相談会・高等学校等へ派遣することを始めていて、ほぼ定着していた。本来業務を持ちながら、協力してもらえる人々にどのように出張していただくか、腐心した。また、入試広報はどこまでやれば十分という限度がない。一方で、限られた予算やマンパワーの枠内で活動するしかないのも実情である。そのあたりの塩梅で特にベテランのアドバイザーの方とはぶつかることが時々あった。

例えば、地方で進学相談会があり、アドバイザーに参加をお願いしたとしよう。そのとき相談会に加え懇親会が予定されていたとする。懇親会に参加すると会費の支出があり、場合によっては宿泊（後泊）の必要が生じるので、入学センターからはアドバイザーに相談会のみで帰ってきて欲しいと依頼する。これがアドバイザーには不満であり、「せっかくの機会なので懇親会に出て、情報交換に努め大学に役立てようとしているのに、それを否定するのか」となる。アドバイザーのやる気を削ぐことは本意ではないが、アドバイザーの方に本務業務がある。このことを理解してもらうことは困難であった。アドバイザーへの手綱をどのように握るか、つくづく難しいと思った。

入試広報において高いモチベーションを維持できるのは、教員や教授会との調整を要さずに、職員自身が主導して業務に当たることができる点であると自分は考えている。どのような広報媒体を活用

して志願者を増やしていくかといった広報戦略の策定、進学相談会への参加など、まさに職員が先頭に立って計画・実行できるからである。これはその後経験する教務事務（学部事務）とは 180 度異なる環境であった。当時センター関係者は志願者数 10 万人を目指し気持ちを高めていた。残念ながら私のセンター所属時には到達できなかったが、その数年後には達成することになる。

　4 年間の入学センター時代を振り返ると 3 年間一緒だったセンター長の榎本正利氏のことも忘れ難い。氏はいわゆる「男気」のある方で、常に上に立つ者のあり方、責任の取り方について考え、実践されていたように感じる。榎本氏はお母様の介護などのため、57 歳で早期退職されたが、仕事の端々に発せられた言葉が印象的であった。「人は今の職を辞して後任に譲ることも大事な生き方であり、組織への貢献の一種である」というようなことを述べられていた。新陳代謝というか組織における循環の必要性を説かれ、新たな血を導入することの大切さを示す発言であると理解している。一人の人間、社会人としてどう生きるべきか、影響を受けた人物である。入学センターに 4 年余り所属し、2012 年 4 月に総長室広報課へ異動した（異動当時は広報・広聴課）。同じ広報と言っても入試広報と学園（法人）広報とはまるで違う。入試広報は基本的にポジティブでアクティブに活動すれば事足りる。

　しかし学園広報には危機管理広報がある。これが最大の違いだ。不祥事等があった場合、専門コンサルタント業者のアドバイスを受けながら、対応していく。私の広報課在職時には危機管理案件があまりなく結果的に助かった。当時は WEB への移行期に入っていた。アナログ人間の私が積極的に取組んだのは、卒業生を活かした広報についてである。広報誌「法政」へ掲載させていただくために、OB・OG の掘り起こしを行い、いろいろな方へ取材のチャレンジを行った。それらの中には、幻冬舎の専務（編集者）で数々の作家との信頼関係があった、石原正康氏や元陸上ハードラーの為末大氏、カル

ビー代表取締役社長の伊藤秀二氏などがおられた。

　多くの卒業生は取材に協力的であり、このときほど法政大学であることに誇りを持ったことはなかった。三人のように有名人でなくても、社会人学生として学業と両立させた女流棋士、スクープをものにした新聞記者、東日本大震災直後に尽力された医師など、それぞれの道を突き進められた卒業生に接することができたことは、自分自身元気になり、仕事へのモチベーションアップに繋がったように思われる。

　広報課時代の交流でいうと、もう一人、元京急百貨店社長の石塚護氏との出会いは印象深い。広報課に異動となり、頻繁にFAXで法政大学に関する情報を送ってこられる方がいた。この方が石塚氏であり、本学法学部卒業生で元京浜急行電鉄専務、元京急百貨店社長であることを知った。石塚氏はOBとして大学の現状を知りたがっていたようで食事にも誘っていただいた。東京六大学野球の最多勝利投手（48勝）山中正竹氏が同席されることもあった。山中氏は、法政大学が本気ならば、元読売巨人軍の江川卓氏との接点になる用意があると述べられていた。

　石塚氏は知り合った当時、校友会との関係は極力避け、一匹狼で活動されていた。その後、卒業生選出の評議員、理事となられたが、人格・識見に優れた人物として尊敬する先輩である。石塚氏とお会いするようになり、母校愛の大切さを改めて実感することができた。見返りを求めることなく、純粋に母校の発展を願い、自分に可能なことを一歩一歩実践する。このことの尊さを痛感した。石塚氏は現在理事を退任されているが、時々食事を共にさせていただき交流している。

　広報課時代、最後の大仕事は毎日新聞社との連携による大学トップを前面に押し出した広報の展開であった。2014年4月から総長に就任することが内定していた田中優子氏のインタビュー記事を掲載した特別紙面を作成し、4月3日、日本武道館での入学式で来場者

全員に配付したのである。これには当時の毎日新聞社取締役（元編集局長）で法政大学 OB である成田淳氏の強力な後押しがあった。成田氏も強い愛校心の持ち主であった。

大学行政管理学会
および日本私立大学連盟研修運営委員活動本格化

　大学行政管理学会では 2005 年、研修・研究委員会委員長になり、他大学の職員と力を尽くして講演・研修企画を立案・実施することの楽しさを実感していった。企画実施後の懇親会での語らいが今の自分を創りあげたといっても言い過ぎではないと思っている。

　学会では同時期から学事研究会に参画し活動し始めた。2008 年からは同研究会の代表を務めることになる。2009 年に理事、2011 年常務理事、2013 年副会長と学会運営に携わった。自分に、役職に就くような能力、特にリーダーシップ等があるとは思っていないが、学会内でそれなりのポストを経験させていただいたことから役員を仰せつかったものと認識している。

　日本私立大学連盟研修運営委員では、委員就任後 5 年程度で若手スタッフ研修運営委員会委員長の重責を担うこととなった。委員のメンバーは優秀で理解力、表現力等に富み、とにかく助けてもらった。

　今は多くの方が大学の理事・部長の任を担っている。一昨年 1 月は当時のメンバーが再会し旧交を温めたが、このような素晴らしいメンバーのサポートがあって、自分が委員長を務められたものと思わざるを得ない。

　2008 年からは新たに発足した創発思考プログラムの委員として加わることとなり、研修講師としての元慶應義塾大 妹尾堅一郎先生や委員仲間として、先に挙げた立命館の西川幸穂氏との交流があった。西川氏にはその後、日本私立大学連盟のみならず、大学行政管

理学会でもお世話になり、私にとってかけがえのない存在となっている。

研修運営委員をしていた関係から、私立大学連盟編集の『私立大学マネジメント』に収められている「大学設置基準と評価システム」を執筆することとなった。貴重な機会を与えていただき、学習しながら自分の糧とすることができた。

小金井キャンパスのキャリアセンターへ
そして多摩キャンパスへ

田中優子新総長が就任された 2014年4月、理事も改選され役員体制が一新し私はキャリアセンター小金井事務課に異動となった。

広報課での法人における中心的な業務から理工系学生のキャリア・就職支援への変化に少し戸惑いを感じたが、もともと就職支援の仕事はしたかったことや、初めてのキャンパスを経験できることもあり、モチベーションは高まっていた。理工系学生の就職は、大学院学生への学校推薦の制度が全盛期であり、一部上場の電機メーカー、建設メーカーなどに何名も内定が出て、文系との実績の違いに歴然とした。

学生相談にどのように応じるかが重要な職務であり、当初数カ月は相談を受けている課員やアドバイザーの後ろに控えながら、ひたすらそのやり取りを聴いていた。これまで学校推薦で送り出す学生に十分な面接指導ができていなかったことも反省点であり、一人ひとり呼び出して模擬面接をするなど精力的に行った。学生よりも自分自身が勉強になったように思う。

キャリアセンターでの就職支援業務は、学生との面談、学内での企業説明会の企画・運営、企業の人事担当者との懇談など、職員が中心になり主体的に活動できることが最大の魅力である。また就職実績など、数字で自分たちの努力が可視化されるところも他の職場

にない特徴である。ただし、職員だけで業務が完結してしまうので、教員との協力関係が不十分な傾向がある。教授会との連携を密にしながら、業務を充実・発展させていくことが今後の課題である。

なお、学生への面談以外に私の課長としての仕事は学生行事の企画であり、講師探しも担った。このとき、入学センターおよび広報課での卒業生を中心とした交流から生まれた人脈が役立った。当時はキャンパスごとのキャリアセンターが独自に行事を企画し実施していた。「3キャンパス共通（合同）企画」が実施されるようになるのは、コロナ禍に入った2021年からであった。

1年半が経過し、ようやくキャリアセンター業務に慣れてきた2015年12月、多摩事務部社会学部事務課へ異動となった。さすがにこの短期間での異動は心が折れそうになった。

小金井からさらに町田・八王子へ、西へ西へと流されていく感じがして、自分は必要とされていないのではないかとマイナス思考に囚われた。新入職員として最初の勤務地であったのに、なぜか心は晴れなかった。

このとき、励ましてくれたのは同期の松井哲也氏だった。彼とは就職以来、よく温泉旅行に行ったりして、職場における本音をぶつけ合う仲でもあった。彼の励ましメールは今も大事に保管している。松井氏はその後、総務部長という重責を担うこととなる。

もう一人感謝しなければならないのは、立教大学職員の林将弘氏である。彼は私より2つ年下であるが、私が2000年代に入り大学行政管理学会の活動に参加し始めた頃から、ずっと活動を共にしてきた旧友でもある。多摩への異動が決まり、私が落ち込んでいるとき小金井まで見学がてら来てくれて、「金田さんが多摩キャンパス、社会学部事務課へ行かれるのは、必要とされているからです。そのことを大事に思った方がいいです」というニュアンスのことを言われた。「そうか必要とされているんだ、もうひと踏ん張りやってみよう」そんな気になったのは事実である。

これまで私は新入職員研修で話す機会があったとき、必ず次のことを新入職員メンバーに話すようにしている。「学校法人法政大学の下の各部局で何一つ必要ない部局は存在しない。必要があるから存在し、重要な任務を担っている。貴方が部局に配属されたら、さらにその部局の価値を高める努力をしてもらいたい」と。この言葉の源は先ほどの林氏の励ましにある。彼には本当に感謝している。

　多摩キャンパスでは十数年ぶりの教務（学部）事務であった。細かい仕事は主任やその部下に任せ、見守っているというのが実際のところだった。その分、学生間や教員・職員間のトラブルは自分が前面に出て対応しようと心がけた。

　社会学部教授会は先生方の主張が激しく、大変なところと聞いていたが、部局の中に入ると、仲間意識のようなものも芽生え、比較的大事にしていただけた。

　社会学部事務課長のときは、月2回火曜の教授会を控え、毎週月曜、午後からの執行部会議が難所だった。教授会に出す資料を全部事前チェックし備える。午後1時から始まり、夜の9、10時になることも常だった。さすがに、この長すぎる会議は徐々に効率化・合理化していくこととなるが、学部長が議事内容など丹念に報告されるので、私の同会議への理解度は深まった。

部長就任へ

　社会学部事務課長兼務の多摩事務部次長を経て、2018年4月、そのまま持ち上がる形で多摩事務部長に就いた。

　多摩事務部は多摩事務課、経済学部事務課、社会学部事務課、現代福祉学部事務課、スポーツ健康学部事務課及び大学院課の6つの課を広大な多摩キャンパスに抱えている。しかも各課は総合棟、各学部棟内に位置し、お互いの交流が困難であった。基本的に部長はキャンパスの総務部門を所管し、各教学部門は各課長に任せている

といった具合だった。

　キャンパスも開設 30 数年が経過し、建物・設備の老朽化、そのための修繕などに莫大な費用がかかっていた。修繕等予算の決裁権限は本部（市ヶ谷）の施設保全部が握っているが、現場としてどう対応するか、総合管理（清掃、警備、植栽）を担当する事業子会社と連携しながらの取組みが続いた。キャンパス開設時より周辺の樹木が伸びて、近隣住宅への迷惑や枝の落下などの危険が生じ、木の伐採などの対応にも追われた。また、防火・防災管理者として、火災が発生しないよう留意した。広大なキャンパスに各学部棟が点在し、対面でのコミュニケーションが十分に図れないため、まずは部内の研修会と、その後の懇親会を毎年開くことを実行した。

　講師は、立命館の西川幸穂氏、同志社の西岡徹氏、慶應義塾の廣田とし子氏など、各大学事務局トップクラスの方を招聘した。それを受けての懇親会では課を越えた交流の大切さを痛感したものだった。また、担当理事（副学長）や各学部長や事務課長など一堂に会する立食パーティも企画し、対面での意思疎通に役立ったと思う。2 回ほど実施したが、コロナ禍により中止となり、そのままとなってしまった。教員、職員のコミュニケーションを図る場をどのように創っていくか、その大切さを改めて思い知った次第でもある。

　多摩キャンパスは開設時、近代的な建物と最新の設備を備えた郊外型キャンパスとして PR し、それなりに評価は高かったものの、数十年経過し、建物設備の劣化に伴い、学生からの人気も低下し、その立て直しは急務であった。そのための会議体も設置され検討に着手していたが、そのような状況下で自分なりにキャンパスの発展に資する事務組織づくりはできないか、考え続けていた。

　市ヶ谷キャンパスが本部であり、そのブランチとしての多摩部局で果たして良いのか。現場で処理できない体制では当事者意識が育たず、キャンパス職員のエンゲージメントは高まらないのではないか。そんな考えから、多摩事務部以外の学生支援部局、保健体育セ

ンター多摩事務課、学生センター多摩事務課、キャリアセンター多摩事務課の課長と話し合い、多摩事務部が主導的な立場に立ちつつも将来展望につながるような事務組織体制の可能性について検討を進めた。

　また、多摩事務部の業務分掌に課外教育が含まれていないことの不備についても認識し、事務部の打合せに多摩学生センター管理職に出席してもらうなど、自分なりの工夫を図った。保健体育センター、学生センター及びキャリアセンターとの連携強化は、現場レベルでは一定の理解を得たが、市ヶ谷キャンパス本部の合意を得るまでに至らず、中途半端で終わってしまった。しかし、多摩キャンパスにおける事務組織連携・協力のあり方についてこれまでとは違う一石を投じたつもりではある。

大学行政管理学会会長へ就任

　部長になって1年半余りの2019年9月に、永和田隆一氏（神奈川大学）の後を継いで、大学行政管理学会会長に就任した。

　前々から「会長はどうだ」というお声がけをいただくことはあったが、少なくとも本務で部長になってから考えさせていただきますと答えていた。部長に就任したこと、ならびにこれまで20年近く学会で活動し、多くの先輩方のお世話になったので、その恩返しとの気持ちもあった。しかし、学会の運営に比較的長く関わってきたものの、私に、会長職が勤まるのだろうかと思ったことも事実だ。その分、役員の体制作りには気を遣った。

　東日本の副会長には成蹊大学の高橋章建氏にお願いした。彼とは20数年前に日本私立大学連盟の職員総合研修（長期）で知り合ってからの付き合いである。明確な理念をもち、上位の役職者に対しても臆せず意見する態度には、かねてから敬意を抱いていた。

　一方、西日本からの副会長には愛知大学の近藤智彦氏にお願いし

た。それまで近藤氏とは特に面識はなかったが、近藤氏の人に対する際の誠実な対応、謙虚な姿勢には学ぶものが多かった。近藤氏は本務の常務理事・事務局長の重責を務められており、人事制度改革など中心的に関わってこられた。後年本学の主任クラスの研修会で講師を務めていただいた。

　学会の日常活動を中心的に担う事務局長の人選には相当苦労したが、國學院大學の藤井哲彦氏に引き受けていただいた。彼は実務能力の高さでコロナ禍における非常時の活動を支えてくれた。

　2019年9月から2021年9月までの任期は、1年半あまりがコロナ禍の真っ只中で、対面での活動はほとんどできなかった。その分、常務理事会、理事会、定期総会・研究集会など、オンライン対応が本格化することとなった。藤井氏を先頭に事務局長補佐の皆さん、研究・研修委員会の皆さん、定期総会・研究集会の当番校であった國學院大學、神戸学院大学の関係者の皆さんにはこの場を借りて感謝申し上げたい。

　会長時代にできたことは、オンラインによる若手職員の発表会やHPへの会員リレーコラム掲載などである。実際対面でお会いできない分、北海道から九州・沖縄地区に至るまで、各研究会の世話人や運営を実質的に担っていただいている方とのオンラインによる懇談会は精力的に実行した。学会活動が全国各地のメンバーに支えられていることを実感した瞬間でもあった。

　2021年9月に会長職を笠原喜明氏（東洋大学）に引き継ぎ、任を無事終えることができた。大したことはできなかったが、常務理事会のもとに研究プロジェクト（リスクマネジメント）準備会を設置するなど、今後に繋がる種を蒔くことができた。次期役員を選出するにあたっても、女性や中堅職員、研究会代表者など様々なメンバーを登用し、学会役員が多様なメンバーの集まりである嚆矢となったものと自負している。

最後の部長職（大学院事務部）、そして退職へ

　多摩事務部長としての 4 年を経て、2022 年 6 月に大学院事務部長
として最後の部長生活に入った。

　部長は準経営層として役員（理事長、理事）を補佐し、自部局の
みならず大学全体を俯瞰して、全体最適の姿勢で大学改革に臨むこ
とと常々思っている。さらにもう一つ、職員の育成に常に気を配り、
支援の手を休めないことが重要であると考えている。

　多摩事務部のときは広大なキャンパス、建物・設備を擁し、その
維持管理やバスなどの交通問題に事務部門トップとして関わること
はできた。一方で、教学領域の学部事務の運営や大学院研究科事務
への関与は、教員および教授会での議論が主であり、事務部門の出
る幕は限定されている。また、実際担当するのはせいぜい課長まで
で、部長の出番はほとんどないといって良い。部長の役割とは何だ
ろうかと改めて考えることがあった。

　大学院では独立研究科大学院を募集停止し、複数の既存研究科の
協力によるインスティテュートに再編すること（2025 年度）に取組
んでいる。独立研究科所属の専任教員を、他研究科の基礎となる学
部に移籍させることにより、横連携による新たな組織づくりを行っ
ていく。研究科同士の利害が絡み合い、難しい面もあるが、これま
での縦割り一本の組織ではなく、横につながったしくみづくりは今
後の新たな方向性を示すものと確信している。

　さらに大学院事務部として他部局との連携・協力を強めながら、
部としてのビジョンを達成しようとしている。一つは、若手研究者
の育成に関して、日本学術振興会特別研究員（DC1・DC2）の採用者
を増やすための取組みである。取組みの過程で研究開発センターと
の連携に乗り出している。事務部で人数限定の上、大学院生からの
申請書を外部業者への添削サービスに出すことを 2024 年度から始
めた。同センターの手の届かないところを補っていこうとの細やか

な取組みである。

　もう一つはキャリアセンターとの連携による留学生の就職支援強化である。先日キャリアセンター管理職との打合せで、同センターの取組みを理解し、どのように指導教員へ理解・協力いただけるか、事務部としての検討に入ることを開始した。留学生が全大学院生の3割近くを占めている現在、まずは留学生の日本語能力の強化は事務部にとって重要な使命である。

コミュニケーションにおける対話の重要性

　コミュニケーションを図る手段として、私は「飲み会」を大切にしてきた。飲み会の場によって相手の人となりを理解し、フランクな関係を構築することは、業務を円滑に進めることに繋がったと考えている。しかし、コミュニケーションは飲み会だけに限らない。業務を離れての茶話会や食事会、あるいは業務上の「1 on 1」（ワン・オン・ワン）など、リラックスして懇談する、「対話」が重要なのである。対話は相手の話を傾聴することから始まる。私は飲み会を通じての対話によって、相手がどのように考えているか、またそのように考える理由は何なのか、自分自身に問いかけるようになっていた。そのことを踏まえて対応することにより、どの部署においても、人間関係においてさほど険悪な状況に遭遇することなく、通り過ごすことができたと思っている。

40年を振り返って

　2024年5月末をもって法政大学を退職した。法政大学第一高等学校（現法政大学中学高等学校）、法政大学法学部法律学科を卒業し、母校に就職し40年、あっという間であった。若いころ考えていたような大学改革への関りはなかなかできず、自分の無力さを感じるこ

200

とが多かった。

　また、日本私立大学連盟や大学行政管理学会で活動するにつれ、自大学だけでなく他の大学、大げさに言えば日本の大学(特に私学)の発展を望む気持ちが高まってきた。この視点は忘れずに持ち続けていこうと思う。

　日頃、管理職の大切な姿勢として、①改革を志向し実行すること、②部下を育成すること、この2点であると思い取組んできた。改革に貢献できたか問われると心許ないが、部下を育てることの大切さはずっと意識し続けてきたつもりである。

　OJT、Off-JT、自己研鑽と人材育成の手段はいくつかあるが、「場」を用意することの重要性を痛感し可能な限り実行してきた。部局を越えたプロジェクトを経験させること、並びに日本私立大学連盟研修や大学行政管理学会への参画等による「他流試合」の環境をつくってあげることなど、心がけることが不可欠だろう。

　最近は「育てる」との言葉より、むしろ「成長を支援する」と呼ぶ方がより適切な表現である気がしている。能力を伸ばす基本は自分自身の力であり、私たち年長者はそのお手伝いをしているという謙虚な気持ちで対応することが求められているのではないか、そう思えてならない。

　さて、私の好きな言葉であり、支えてくれている言葉を紹介させていただきたい。

　それは下村湖人(小説家・教育家)の代表作『次郎物語』第二部の一節、「運命を喜ぶ」との言葉である。次郎が叔父、兄と近くの山歩きに出かけ、遠くに見える岩に生える松の木のことを次郎に話しかける場面である。叔父が次郎に語る。「何百年かの昔、一粒の種が風に吹かれてあの岩の小さな裂け目に落ちこんだとする。それはその種にとって運命だったんだ。つまりそういう境遇にめぐり合わせたんだね。そんな運命にめぐり合わせたのはその種のせいじゃない。種自身では、それをどうすることもできなかったんだ。・・・そこで

運命を喜ぶということなんだが、どうすることもできないことを泣いたりうらんだりしたって、何の役にもたつものではない。それよりか、喜んでその運命の中に身を任せることだ。身を任せるというのは、どうなってもいいと言うんじゃない。その運命の中で、気持ちよく努力することなんだ。・・・」

　この小説は幼少期に里子に出された次郎が、多感な少年期を過ごしていく前半部分が有名であるが、本来の醍醐味は中学へ進み、軍国主義の足音が近づく中、朝倉先生という尊敬できる教師を慕い、苦悩しながら自分と向き合っていく後半部分（第四部・第五部）の次郎の生きざまにあるのではないか、そんな気持ちを強くする。

　最近、キャリア理論に関心があり、学者の関連文献に目を通すことがある。その中でもクランボルツの「計画された偶然性理論」や、サビカスの「キャリア構築理論」に魅かれる。クランボルツは、好奇心を持って積極的に外に出ていき、むしろそのときの偶然性を楽しみながら、出会いを大切にしていくことを説いている。サビカスは、これまでの自分の歩みを馬車の轍のように振り返り、転換点ともいえる出来事をストーリーとして再解釈することにより、新たな意味づけを付与することの重要性を唱えている。

　心に傷を負ったマイナスの経験を逆手に取り、枠組みを変えて、これまでと別の認識に転換することはその一例である。過去の事実は変えられないが、その事実から新たな意味を見出し、今後の人生に生かすことはできるということだろう。

　本稿で記載できなかった方々を含め、どれだけの人との巡り合いにより、現在の自分は存在するのだろうか。受けた恩を忘れていないだろうか。人間は人と人との関係性の中で成長していく。成功する人生でなくても、少しでも成長していく人生でありたい。そのためにも生涯、学び続ける姿勢を持ち続けたいと思う。

金田　淳一（かねだ　じゅんいち）

1962 年生まれ
1984 年 3 月　法政大学法学部法律学科卒業
2010 年 3 月　法政大学大学院経営学研究科経営学専攻修士課程修了
　　　　　　　修士（経営学）
1984 年学校法人法政大学に採用される。その後、多摩体育課、人事課、学務課、学務第二課などを経て 2004 年に学務課長補佐、2006 年に学務課長。その後入学センター課長、広報課長、キャリアセンター課長、社会学部事務課長を経て、2017 年に多摩事務部次長、2018年に多摩事務部長。大学院事務部長を経て 2024 年 5 月に定年退職。同年 6 月から専門嘱託として総長室勤務。
大学行政管理学会　副会長（2013 年から 2015 年まで）
一般社団法人大学行政管理学会　会長（2019 年から 2021 年まで）

法政大学

　東京都千代田区に本部を置く。1880 年東京法学社（法律学校）として創立、1920 年大学令により法政大学としてスタートを切る。15 学部、通信教育部、大学院 17 研究科を擁し、学生数約 35,000 名からなる総合大学である。
　建学以来、「自由と進歩」の精神に基づき、社会に向けた本学の約束として「自由を生き抜く実践知」を大学憲章に表している。主体的、自立的かつ創造的に、新しい時代を構築する市民、並びに多様化する地球規模の課題を解決し、持続可能な地球社会の構築に貢献することを目的としている。
　21 世紀を迎え、「環境」、「国際」、「情報」、「ウェルビーイング」、「キャリアデザイン」などをキーワードとする新学部を立ち上げるとともに、近年「ダイバーシティ」、「エクイティ」及び「インクルージョン」を全学的な旗印に据えて大学改革を推進している。

用語の解説

ウェルビーイング（Well-being）

well（よい）と being（状態）を合成した言葉であり、個人や社会が健康あるいは健全な状態であることを指す。世界保健機構（World Health Organization: WHO）は、ウェルビーイングは、社会的、経済的、環境的な日常によって決定されるとしており、肉体的にも、精神的にも、そして社会的にもすべてがよい状態にあることと定義している。2015 年に国連総会で採択された SDGs（sustainable development goals）において、身体的・精神的・社会的にウェルビーイングな世界を目指すと提唱されたことから、世界的な注目が集まった。国際機関や企業においては、SWGs（Sustainable Well-being Goals）すなわち「みんなで持続可能なウェルビーイングの状態を目指そう」という目標が提唱されている。

キャリア・アンカー（career anchor）

アンカーは英語の anchor であり、船の錨（いかり）の事である。キャリア形成における土台や基礎のことである。錨がしっかりと海底に下りていると、船は安定してとどまることに由来する。仕事を選択するにおいて、もっとも重要な価値観という意味もある。

職能資格制度

職務を遂行する能力によって従業員を評価して賃金体系のもととなる等級を定める制度である。本制度は、日本で生まれ、現在も日本の多くの企業の主流となっている。戦後日本の企業では終身雇用

と年功序列の考えが広まっていたところに、能力による評価を取り入れるもので、1970年代ごろに定着した。この制度で評価の対象となるのは、職務を遂行するための能力である。職能資格制度における等級は、社内の役職や肩書とは別に定められている。

トータル人事システム

　組織が、そのミッションを全うするために人事の基本的な考え方を明確にし、採用から人事考課、賃金、昇格・昇進などの人事関連諸制度を体系的に構築するシステムを指す。常に、組織のミッション達成を念頭に、相互の関係を重視しつつ、体系的に構築、運用を図る人事システムのことである。日常の活動を通じ、組織としてのビジョンと夢を達成するための人事システムとも言える。

VUCA

　VUCA（ブカあるいはブーカと発音）は、volatility（変動性）、uncertainty（不確実性）、complexity（複雑性）、ambiguity（曖昧性）の頭文字を並べた略語であり、予測困難な時代を指す。いまの世界情勢は、経済や政治を含めて複雑かつ曖昧であり、不確実や不透明、不安定な状況となっている。これをVUCAの時代と称する。

大学行政管理学会 (JUAM)

　大学の行政管理について実践的理論的に研究し、プロフェッショナルとしての大学行政管理職員人材の育成を通して、大学の発展に寄与することを目的として1997年に設立された学会である。2017年に一般社団法人化された。英語名は、"Japan Association of University Administrative Management" であり、JUAMと略される。会員は主に、大学職員からなる。また教員や大学行政を学ぶフルタイムの大学生の入会や、賛同する団体や個人の入会も受け付けている。

男女共同参画

　男性と女性が政治的、経済的、社会的及び文化的利益を均等に享受可能で、共に喜びも責任を伴いつつ個性と能力を発揮できる社会を目指すことを言う。1999年施行の「男女共同参画社会基本法」に基づく社会政策である。所管は、内閣府であり、英語表記を、"Gender Equality" としている。

スーパーグローバル大学創成支援事業

　我が国の高等教育の国際競争力の向上を目的に、海外の卓越した大学との連携や大学改革により徹底した国際化を進める、世界レベルの教育研究を行うトップ大学や国際化を牽引するグローバル大学に対し、制度改革と組み合わせ重点支援を行うことを目的として2014年に文科省が創設した事業である。選定は2014年の1回のみであり、選定校には 10 年の長きにわたって公的支援が受けられるため、大学間格差を助長するという非難もあった。世界大学ランキングトップ100を目指す「トップ型」に13校、新たな取組を通して日本の大学のグローバル化をけん引する「グローバル化牽引型」に24校の計37大学が選定されている。英語の正式名称は、"Top Global University" であるが、"Super Global University" の頭文字をとってSGU を使う場合も多い。

アドミニストレーター (administrator)

　大学アドミニストレーター (university administrator) のことである。大学の行政・管理・運営にわたる専門的知識・能力を有する大学運営の専門家のことを言う。「大学職員の履歴書」では、その英語名を、"University Administrator Personal Histories" としており、大学職員を指している。

　大学の経営環境はいっそうの厳しさを増しており、大学トップは、迅速果敢かつ適切な意思決定が必要となる。学長や執行部のリーダ

ーシップの重要性が強調されているが、それだけでは大学運営はできない。大学トップを支えるプロフェッショナルな大学行政の専門家である職員、つまり、大学アドミニストレーター人材が重要とされている。

イノベーション (innovation)

直訳すると「改革」や「革新」となるが、技術革新などにより社会価値を創造する行為を指す。また、新しいアイディアから、企業や大学などの組織にとって新たな価値を創造し、組織に大きな変革をもたらすことを言うこともある。デジタル技術の活用などによって、教育の在り方を本質的に変革することを教育イノベーションと呼んでいる。

一日一生

「いちじついっしょう」あるいは「いちにちいっしょう」と読む。「一日を一生と思い、時間を大切にしよう」という意味と、「一日過ぎれば生まれ変わったと思い、明日は新たな気持ちで臨む」という意味などがある。仏教者の酒井雄哉、松原泰三やキリスト者である内村鑑三が使っている。文献的には、内村鑑三の「一日一生」がもっとも古い。仏教用語という説もあるが、そうではないとする考えもある。いずれ含蓄に富んだ言葉である。

和顔愛語

仏教用語であり、「わげんあいご」と読む。「無量寿経（むりょうじゅきょう）」にある言葉で、和顔はおだやかな笑顔、愛語は思いやりのある言葉という意味である。「表情はやわらかく、言葉はやさしく相手の心をくみ取って受け入れなさい」という教えでもある。学校での教訓としても、よく使われる。

ダイバーシティ (diversity)

　日本語では多様性を意味する言葉である。多様性には性別、年齢、人種や国籍、障害の有無、性的指向、宗教・信条、価値観の他、キャリアや経験、働き方などの違いが含まれる。これら多様な人材の個性、能力に応じて適材適所で活躍できる場を組織として整え、人材を活用することをダイバーシティ・マネジメント (diversity management) と呼び、すべての組織にとって重要とされている。

ダイバーシティ＆インクルージョン (diversity and inclusion)

　ダイバーシティは多様性であり、インクルージョン (inclusion) は受容という意味となる。D&I とも表記される。つまり多様性を受け入れることである。さらに、多様な人々の個性を尊重したうえで、うまく活用する状態のことを指す。

　さらに、公平という意味の equity を加えて、DE&I という用語も使われる。ダイバーシティ、エクイティ＆インクルージョンと読む。エクイティは公平な機会を与えるという意味となる。多様な人々に公平かつ公正な機会を与えることによって、組織の活力を最大化することができ、イノベーションの創出につながると言われている。

アンコンシャス・バイアス (unconscious bias)

　アンコンシャスは unconscious という英語であり、「無意識の」という意味となる。バイアスは、bias という英語であり「偏見」や「思い込み」という意味である。日本語では「無意識の偏見」とも呼ばれる。

　たとえば、「家事や育児は女性がするもの」という思い込みは、アンコンシャス・バイアスである。自分自身では気づいていない「ものの見方や捉え方の偏り」であるため、認識するのが難しいとされている。

日本私立大学連盟

　四年制の私立大学を会員として 1951 年に設立された一般社団法人である。英語名は、"The Japan Association of Private Universities and Colleges" であり、通称は私大連（しだいれん）である。現在の会員数は 120 大学である。

　私立大学の教育研究条件の充実向上と経営基盤の確立、大学職員の福利厚生、その他、私立大学に関連する様々な事業に取り組んでいる。

日本私立大学協会

　日本国内の私立大学を会員とする団体である。1946 年に全国私立大学連合会として発足し、1948 年に日本私立大学協会へ改称した。1951 年に早稲田大学、慶應義塾大学など 12 校が脱退し、日本私立大学連盟を設立したことで分裂した。現在、417 大学が加盟している。英語名は、"Association of Private Universities of Japan" であり、略称は APUJ となる。通称は私大協（しだいきょう）である。

　私立大学の振興を図り、その使命達成に寄与し、学術及び教育の進歩発展に貢献するための活動を行っている。

ファカルティ・ディベロップメント (faculty development)

　ファカルティ (faculty) は教員の組織や集団のことを指し、ディベロップメント (development) は能力開発の意味である。略は FD であり、大学教員の教育能力を高めるための実践的方法のことであり、大学の授業方法の組織的な改革の取組を指す。

スタッフ・ディベロップメント (staff development)

　スタッフ (staff) は大学職員、ディベロップメント (development) は能力開発の意味である。略は SD である。当初は、FD の対として、事務職員を対象としていたが、いまでは、スタッフには、事務職員、

技術職員、教員も含まれる。2017年からは、大学設置基準の改訂によって、SDが義務化された。教育研究活動の適切かつ効率的な運営を図るため、教員を含むすべての職員を対象に、必要な知識および技能を習得させ、能力及び脂質を向上させるための取組を指す。

あとがき

　本書のあとがきとして、改めて、執筆いただきました6名の皆様に厚く御礼申し上げます。本書の制作経緯は「まえがき」で記した通りですが、大学事務組織で働く大学事務職員のロールモデルになる6名の方が、「大学」という場で、「大学事務職員」という「実務家」の立場から、日々の業務の場である「大学事務組織」で実践された記録は、今後の「大学」と「大学事務職員」の在り方を考える上での手掛かりとなることを確信しております。

　その上で、本書を読まれて、自らも『大学事務職員の履歴書』が執筆できるような経験・体験を重ねたいと意欲的に考えている方、一方で、自分には難しいかもと思われる方もいるかもしれません。

　その時は、先に触れた大学行政管理学会「大学人事」研究グループ編『大学人事研究Ⅱ　－変貌する大学人事－　教員評価の実状と経営人材の育成』における山口輝幸氏（國學院大學）の論考「國學院大學の研修プログラムと人材育成・SDに関する考察　－従業員満足度 (ES) の組織的活用と個々の自己点検・評価－」をご一読ください。

　山口氏は、大学事務職員として学校法人國學院大學への入職後に取り組んだ業務を「業務経歴書」として記録し、自らが行ってきた業務等の自己点検・評価を行うだけでなく、（人材育成計画に基づき、大学に）育てられる自分と（自分自身の取組みにより）育った自分を顕在化させることによって個人あるいは組織を改善させる、二次的な意義を持たせておられます。その中で、所属大学における専任職員数の減少に伴う職員の在り方、業務配分の再検討と対話を重視した従業員満足度の向上に加え、部下のモチベーションの維持・向上を図ることを目的に、独自の職員相互評価制度を構築した経験か

ら、この手法を確立され、自らの「可視化」による（業務経歴書を用いた）自己管理と業務マネジメントを日々実践されています。

　この論考は、これからの大学事務職員に大きな示唆を与えてくれるはずです。

　引き続き、このような書籍の発刊を重ねていくことが、ウニベルシタス研究所の更なる活動の向上につなげると考えております。
　本書の刊行にあたって、ご尽力くださいました、ウニベルシタス研究所顧問の村上雅人氏、同研究所上席研究員の山村昌次氏、小野卓氏、辻本真由美氏、他編集委員として尽力いただいた皆様に、心より感謝申し上げます。

　最後に、「まえがき」でご紹介した田中雅幸氏（学校法人名城大学元経営本部長）の
「【特別寄稿】私大職員の回想　時代の星霜とともに」
における最後の言葉を引用し、私の想いとしての「あとがき」とさせていただきます。

　今、職員は大学のすべての面で大変な努力と苦労を背負わなければならなくなっているが、その重さに負けて欲しくないものだ。
　いまさら言うべきことでもないが……。
　「大学の将来を創り出す気概を常に持っていてほしい。永続性は職員によって保たれるのだから。」

　お世話になった多くの皆さんに感謝、感謝。

2025 年 3 月

「新・大学事務職員の履歴書」編集委員長
ウニベルシタス研究所　客員研究員

寺尾　謙（神奈川工科大学）

著者

吉川 倫子
大工原 孝
種田 奈美枝
西 直美
西川 幸穂
金田 淳一

新・大学事務職員の履歴書

2025 年　3 月　13 日　第 1 刷　発行

発行所：合同会社飛翔舎 https://www.hishosha.com
　　　　住所：東京都杉並区荻窪三丁目 16 番 16 号
　　　　電話：03-5930-7211　FAX：03-6240-1457
　　　　E-mail: info@hishosha.com

編集協力：小林信雄
組版：村上詩織
印刷製本：株式会社シナノパブリッシングプレス

©2025 printed in Japan
ISBN:978-4-910879-18-5　　　C1037
落丁・乱丁本はお買い上げの書店でお取替えください。

飛翔舎の本

大学を支える教職員にエールを送る
ウニベルシタス研究所叢書

「大学をいかに経営するか」　　　　村上雅人　四六判 214 頁 1500 円

　　学長として大学改革を主導した著者が大学経営の基本は教育と研究による人材育成の高度化であることを記した書

「プロフェッショナル職員への道しるべ」
―事務組織・人事・総務からみえる大学の現在・過去・未来―
　　　　　　　　　　　　　　　　　　　大工原孝　四六判 172 頁 1500 円
　　ウニベルシタス研究所長であり、大学行政管理学会元会長が混迷の時代に大学職員が進むべき道を指南

「粗にして野だが」―大学職員奮闘記―
　　　　　　　　　　　　　　　　　　　山村昌次　四六判 182 頁 1500 円
　　永年、母校の大学職員として強い使命感と責任感のもと職務に当たった著者が、学生への深い愛情と確かな指導力の大切さを説く

「教職協働はなぜ必要か」　　　　　吉川倫子　四六判 170 頁 1500 円

　　大学改革を教員との協働で成し遂げた著者が、教職協働の意義と重要性を説いている。多くの大学人にとって参考となる書

「新・大学事務職員の履歴書」
　　　　　　　　　　ウニベルシタス研究所編　A5 判 216 頁 2000 円

　　大学冬の時代と呼ばれる。多くの私立大学は定員割れにあえいでいる。一方で、こんな時代にも元気な大学もある。そのカギは職員力である。本書は、大学改革にまい進した職員たちの履歴書であり、混迷の時代だからこそ参考になる話にあふれている。大学職員だけでなく、多くの大学人の参考になる必携の書である。

価格は、本体価格

高校数学から優しく橋渡しする ―理工数学シリーズ―

「統計力学　基礎編」 村上雅人・飯田和昌・小林忍 A5 判 220 頁 2000 円
ミクロカノニカル、カノニカル、グランドカノニカル集団の違いを詳しく解説。ミクロとマクロの融合がなされた熱力学の本質を明らかに。

「統計力学　応用編」 村上雅人・飯田和昌・小林忍 A5 判 210 頁 2000 円
ボルツマン因子や分配関数を基本に統計力学がどのように応用されるかを解説。2 原子分子、固体の比熱、イジング模型と相転移への応用にも挑戦する。

「回帰分析」 村上雅人・井上和朗・小林忍 A5 判 288 頁 2000 円
既存のデータをもとに目的の数値を予測する手法を解説。データサイエンスの基礎となる統計検定と AI の基礎である回帰分析が学べる。

「量子力学 I　行列力学入門」
村上雅人・飯田和昌・小林忍 A5 判 188 頁 2000 円
未踏の分野に果敢に挑戦したハイゼンベルクら研究者の物語。量子力学がどのようにして建設されたのかがわかる。全三部作の第 1 弾。

「線形代数」 村上雅人・鈴木絢子・小林忍 A5 判 236 頁 2000 円
量子力学の礎「固有値」「固有ベクトル」そして「行列の対角化」の導出方法を解説。線形代数の汎用性がわかる。

「解析力学」 村上雅人・鈴木正人・小林忍 A5 判 290 頁 2500 円
ラグランジアン L やハミルトニアン H の応用例を示し、解析力学が立脚する変分法を、わかりやすく解説。

「量子力学 II　波動力学入門」
村上雅人・飯田和昌・小林忍 A5 判 308 頁 2600 円
ラゲールやルジャンドルの陪微分方程式などの性質を詳しく解説し、水素原子の電子軌道の構造が明らかになっていく過程を学べる。

「量子力学 III　磁性入門」
村上雅人・飯田和昌・小林忍 A5 判 232 頁 2600 円
スピン演算子の導入による磁性の説明から原子スペクトルの複雑な分裂構造である異常ゼーマン効果が解明できる過程を詳細に解説。

「微分方程式」 村上雅人・安富律征・小林忍 A5 判 290 頁 2600 円
1 階 1 次微分方程式の解法に重点を置き、階数次数を増やしたときにどうなるかを構造化し、また線形微分方程式や同次、非同次方程式の概念を解説する。

価格は、本体価格

高校の探究学習に適した本 ―村上ゼミシリーズ―

「低炭素社会を問う」　　　村上雅人・小林忍　四六判 320 頁 1800 円

　　二酸化炭素は人類の敵なのだろうか。CO_2 が赤外線を吸収し温暖化が進むという誤解を、物理の知識をもとに正しく解説する。

「エネルギー問題を斬る」　　村上雅人・小林忍　四六判 330 頁 1800 円

　　再生可能エネルギーの原理と現状を詳しく解説。国家戦略ともなるエネルギー問題の本質を考え、地球が持続発展するための解決策を提言する。

「SDGs を吟味する」　　　村上雅人・小林忍　四六判 378 頁 1800 円

　　世界中が注目している SDGs の背景には ESG 投資がある。人口爆発や宗教問題がなぜ SDGs に含まれないのか。国際社会はまさにかけひきの世界であることを示唆する。

「デジタルに親しむ」　　村上雅人・小林信雄　四六判 342 頁 2600 円

　　コンピュータの 2 進法から始めてデジタル機器の動作原理、その進歩、そして生成 AI の開発状況までを解説。

「ナレッジワーカーの知識交換ネットワーク」
　　　　　　　　　　　　　　　村上由紀子 A5 判 220 頁 3000 円

　　高度な専門知識をもつ研究者と医師の知識交換ネットワークに関する日本発の精緻な実証分析を収録

価格は、本体価格